RIVSTART A1 + A2

Svenska som främmande språk

TEXTBOK

Paula Levy Scherrer •

Natur & Kultur

NATUR & KULTUR
Box 27323, 102 54 Stockholm
Kundtjänst: Tel 08-453 85 00, order@nok.se
Redaktion: Tel 08-453 86 00, info@nok.se
www.nok.se

Order och distribution: Förlagssystem, Box 30195, 104 25 Stockholm
Tel 08-657 95 00, order@forlagssystem.se
www.fsbutiken.se

Projektledare Kirsti Jolma
Textredaktör Lisbeth Aronsson
Bildredaktör Helena Åkeson Bratt
Granskare Agneta Hellström Shaw, Monica Sommarin
Grafisk form Inger Anér
Sättning TeamMedia Sweden AB
Omslag Anna Lindsten

Teckningar speciellt för denna bok Lars Esselius

Tryckt i Lettland 2011
Första upplagans åttonde tryckning

ISBN 978-91-27-66685-6

Till läraren

Rivstart är ett enspråkigt kursmaterial i svenska som främmande språk som vänder sig till inlärare i och utanför Sverige. Boken är kopplad till Europarådets nivåskala och sträcker sig upp till och med nivå A2. Till varje kapitel finns beskrivningar från skalan som visar vad målet med kapitlet är.

Materialet består av tre delar, en textbok med cd i mp3-format, en övningsbok och en lärarhandledning.

Rivstart innehåller en mängd kommunikativa övningar där deltagarna använder språket på olika sätt redan från början. För att kursdeltagarna ska kunna göra det finns ”språkliga verktyg” till hjälp. I första kapitlet finns också olika klassrumsfraser för att man ska kunna använda svenska som undervisningsspråk från dag ett.

Rivstart ska locka deltagarna att själva i möjligaste mån lista ut språkliga mönster och grammatiska regler. I textboken finns därför fokus på-rutor som ska vara så illustrativa att man ska kunna se mönstret. I övningsboken återkommer exemplen med mycket enkla regler utskrivna. På www.nok.se/rivstart finns mer övningar, ordlistor, tester samt facit till text- och övningsboken.

I textboken finns förutom texter och övningar också uttalsövningar samt en minigrammatik. Cd:n innehåller textbokens alla texter och hörövningar samt uttalsövningar. Facit till text- och övningsbok finns på bokens websida under fliken ”Extramaterial”.

Övningsbokens uppgifter lämpar sig väl för självstudier/hemarbete och ger möjlighet att i lugn och ro repetera och befästa klassrumsarbetet.

Lärarhandledningen innehåller tips på hur du kan jobba med *Rivstart*. Där finns också kopieringsunderlag med extra övningar samt tester.

Tanken med *Rivstart* är att det ska vara ett inspirerande läromedel som tar lärare och deltagare på allvar. Men vår förhoppning är givetvis också att språkinlärningen ska bli lustfylld och att man ska ha roligt under kursens gång.

Vi önskar er lycka till i arbetet med Rivstart!

Paula Levy Scherrer
Karl Lindemalm

Skriv på separat papper

Lyssna på cd:n

Språkfokus

Språkliga verktyg

Arbeta i övningsboken

Till sist Repetitionsuppgifter i övningsboken

Arbeta i par

Arbeta i grupp

Arbeta med ordbok

INNEHÅLL

KAPITEL	TEMA	KAN GÖRA NIVÅ A2	SPRÅKFOKUS
13 sidan 124	Arbetsliv Yrken Arbetsuppgifter Söka jobb	• Jag kan fråga vad någon gör på arbetet och jag kan själv berätta om mitt arbete och min fritid	Hem/hemma Nutids- dåtidsadverb Verb: presens perfekt fortsättning Skillnaden preteritum/ presens perfekt fortsättning Verbformer repetition*
14 sidan 134	På landet Bjudning Vett och etikett	• Jag kan bjuda någon på fest och själv svara på en inbjudan • Jag kan be om och själv ge personer saker som de ber mig om • Jag känner till något om svensk livsstil och svenska traditioner	Pronomen: relativa 'där' Ordföljd: bisatser/indirekt tal Ingen/inte någon Subjunktioner Ordföljd: huvudsats och bisats
15 sidan 146	Resor Geografi Natur Kläder	• Jag kan skaffa enkla upplysningar om resor, t ex på en resebyrå • Jag kan beskriva personer och hur de ser ut	Pronomen: possessiva reflexiva Pronomen: possessiva repetition Adjektiv repetition*
16 sidan 158	Utbildning Arbetsliv	• Jag kan beskriva min utbildning • Jag känner till det svenska utbildningssystemet • Jag kan beskriva mina framtidsplaner • Jag kan använda ord för att beskriva ett händelseförlopp	Ordföljd: samordning med 'och' och 'men' Verb: presens futurum Tidsprepositioner fortsättning Substantivets former repetition*
17 sidan 166	Boende	• Jag kan förklara var och hur jag bor • Jag kan beskriva och jämföra omvärlden • Jag kan läsa bostadsannonser • Jag kan delta i en enkel diskussion	Rumsprepositioner Presentering Som/där repetition* Ordföljd: huvudsats och bisats repetition* Adjektiv: komparation repetition*

1

1

A Kan du svenska? Kombinera.

~~banan~~ ~~telefon~~ ~~papper~~ ~~hamburgare~~ ~~radio~~ ~~teve~~ ~~kaffe~~ ~~teater~~ ~~buss~~ ~~psykolog~~ ~~te~~

1  buss

2  banan

3  teve

4 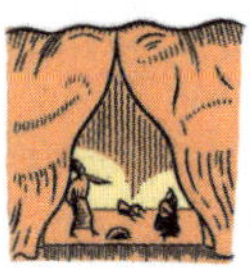 teater

5  kaffe

6  te

7  telefon

8  hamburgare

9  radio

10  psykolog

11  papper

B Lång vokal eller konsonant?

Exempel:

banan → [banaaan]
kaffe → [kafffe]

Hej, jag heter …

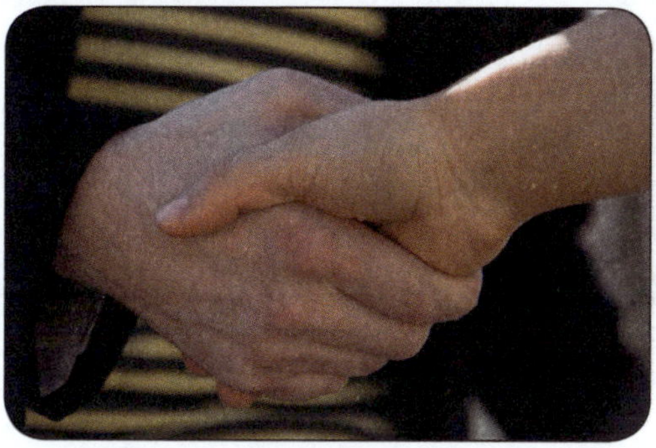

– Hej! Jag heter Akinori. Vad heter du?
– Brian. Varifrån kommer du?
– Jag kommer från Japan. Och du?
Kommer du från USA?
– Nej, jag kommer från England.
– Jaha.
– Vad talar du för språk?
– Jag talar japanska, engelska och svenska. Du då?
– Jag talar bara engelska och lite svenska.

Ö s 4

1	2	3
Varifrån	**kommer**	du?
Jag	**kommer**	från England.

OBS! Ja/nej-fråga

1	2	3
Kommer	du	från USA?

Verbets position

Ö s 4–5

2

A Fråga varandra.

FRÅGA	SVARA
Vad heter du?	Jag heter … Och du?
Varifrån kommer du?	Jag kommer från … Du då?
Vad talar du för språk?	Jag talar …

FRÅGEORD

Vad …? Varifrån …?

B Fråga alla i gruppen. Skriv.

Exempel:

NAMN	LAND	SPRÅK
María	Spanien	spanska, franska
Peter	England	engelska

C Presentera varandra.

♀ Hon heter María. Hon kommer från Spanien.
♂ Han heter Peter. Han kommer från England.

PRONOMEN

jag du han hon

D Säg alla namn i klassen ”på svenska”.

Exempel:

María → [Mariiija]
Peter → [Peeeter]
Renate → [Renaaate]

3

A Fråga varandra om alla i klassen.

Exempel:

– Varifrån kommer María? – *Hon* kommer från Spanien.

– Vad talar Peter för språk? – *Han* talar engelska.

Ö s 6

B Varifrån kommer de? Vad talar de för språk?

1 Luisa kommer från ________________.

Hon talar ________________ och ________________.

2 Peter kommer från ________________.

Han talar ________________, ________________ och ________________.

3 Nicole kommer från ________________.

Hon talar ________________, ________________, ________________

och ________________.

4 Jack kommer från ________________.

Han talar ________________, ________________ och ________________.

Arbetar du här?

– Arbetar du här i Sverige, Akinori?
– Nej, jag arbetar inte här, jag pluggar.
– Jaha. Vad studerar du?
– Design. Och du, arbetar du?
– Ja, jag jobbar med IT. Jag är programmerare.

– Renate, vad arbetar du med?
– Jag arbetar inte. Jag är pensionär. Du då?
– Jag är läkare.
– Jaha.

Nej, jag arbetar inte här.

Negation

Jag ~~inte arbetar~~ här.

4

A Säg meningar med *inte*.

Exempel:
Renate ~~arbetar~~ → pensionär.
Renate arbetar inte. Hon är pensionär.

1 Olga ~~Ryssland~~ → Ukraina
2 Henrique ~~spanska~~ → portugisiska.
3 Sofia ~~filosofi~~ → psykologi.
4 Katerina ~~tandläkare~~ → läkare.

B Skriv 3–5 exempel med *inte*.

Ö s 6–7

5

A Kombinera.

kassörska ingenjör läkare advokat sjuksköterska kock brevbärare polis tandläkare busschaufför frisör fotograf lärare servitör

1  kock

2  servitör

3 lärare

4  tandläkare

5  advokat

6  sjuksköterska

7  kassörska

8  frisör

9  ingenjör

10  fotograf

11  brevbärare

12  läkare

13  polis

14  busschauffor

B Fråga varandra.

FRÅGA	SVARA
Arbetar du?	Jag är …
Vad arbetar/jobbar du med?	Jag jobbar inte …
Vad har du för yrke?	Jag jobbar med …
Studerar/pluggar du?	Jag studerar/pluggar/läser …
Vad studerar du?	

C Vilka yrken hör du? Kryssa för rätt alternativ.

Exempel:

Jag heter Pelle. Jag studerar till tandläkare. Min flickvän är läkare.

☒ tandläkare
☐ sjuksköterska
☐ servitör
☐ fotograf
☒ läkare

1
☐ brevbärare
☐ polis
☐ servitör
☐ kassörska
☐ ingenjör

2
☐ läkare
☐ advokat
☐ brevbärare
☐ frisör
☐ kassörska

3
☐ sjuksköterska
☐ servitör
☐ fotograf
☐ advokat
☐ frisör

4
☐ biolog
☐ kemist
☐ lärare
☐ ekonom
☐ advokat

Är du gift?

– Katerina, är du gift?
– Ja, det är jag.
– Har du barn också?
– Nej, vi har inte barn. Du då Renate, är du gift?
– Nej, men jag har två barn. En son, Klaus och en dotter, Mirja.

– Brian, är du gift?
– Nej, jag är inte gift. Jag är sambo.
– Jaha, varifrån kommer din sambo?
– Hon är svensk.
– Du då, Akinori, är du gift?
– Nej, men jag har en flickvän.

FAMILJEORD

Jag är { gift vergeben / ogift / singel }

Jag har { en flickvän / en pojkvän / en sambo / en partner / en man / en fru }

6

A Fråga varandra.

Är du gift?
Har du barn?

B Skriv en text om mannen på fotot.

C Tre personer talar om familjen. Vilka ord hör du?
Kryssa för rätt alternativ.

1 ☐ gift ☐ ogift ☐ singel
☐ pojkvän ☐ flickvän ☐ man

2 ☐ flickvän ☐ pojkvän ☐ man
☐ son ☐ dotter

3 ☐ gift ☐ singel
☐ son ☐ dotter

Jag **är** gift.
Jag **studerar** till tandläkare.

Verb
presens (NU)

7

Stryk under alla verb.

Han <u>heter</u> Akinori och kommer från Japan. Han talar japanska, engelska och svenska. Akinori arbetar inte i Sverige, han studerar design här. Han har en flickvän som heter Kajsa.
De har inte barn.

Ö s 7

Studietips

Du gör många fel i början. Det är okej!

8

Sortera.

studerar Brian inte	Exempel: Brian studerar inte .
tyska du talar	1 Talar du tyska ?
inte Georgios gift är	2 Georgios är inte gift .
kommer Juan varifrån	3 Varifrån kommer Juan ?
matematik Lisa studerar	4 Lisa studerar matematik .

Ö s 8

ALFABETET

A [aaa]	**I** [iii^j]	**Q** [kuuu]	**Y** [yyy^j]
B [beee]	**J** [jiii^j]	**R** [errr]	**Z** [säääta]
C [seee]	**K** [kååå]	**S** [esss]	**Å** [ååå]
D [deee]	**L** [elll]	**T** [teee]	**Ä** [äää]
E [eee]	**M** [emmm]	**U** [uuu^w]	**Ö** [ööö]
F [efff]	**N** [ennn]	**V** [veee]	
G [geee]	**O** [ooo^w]	**W** [dubbelveee]	
H [hååå]	**P** [peee]	**X** [ekkks]	

Till sist s 9

2

Hej och tjena!

☺

– Hej, hur mår du?
– Bara bra, tack! Och du?
– Jo tack, det är bra!

– Tjena, hur är läget?
– Det är lugnt! Själv?
– Jodå, helt okej.

– Allt väl?
– Ja, tack! Och själv?

☹

– Hej, hur mår du?
– Så där. Jag är lite förkyld. Och du?
– Inte så bra. Jag är så trött.

– Tjena! Hur är det?
– Så där. Själv då?
– Nja, så där.

1

A Hälsa och fråga.

HÄLSA	FRÅGA	SVARA	RETUR
Hej!	Hur mår du?	☺	Och du?
Hej, hej!	Hur är läget?	Bara bra!	Själv då?
Tjena!	Hur är det?	Jag mår bra!	
Tja!	Allt väl?	Finfint!	
(Tja, tja!)	Hur står det till? (formellt)	☹	
God dag. (formellt)		Så där.	
		Inte så bra.	

B Hur mår de? Kryssa för rätt alternativ.

	☺	☹		☺	☹
1	☐	☐	4	☐	☐
2	☐	☐	5	☐	☐
3	☐	☐			

C Skriv en minidialog.

Exempel:

– Hej María, hur mår du?
– Bara bra. Och själv?
– Finfint!

Ö s 12

Det här är Sara!

Brian: Katerina, det här är Sara, min flickvän. Hon talar lite grekiska.
Katerina: Hej! Vad roligt. Kalispera!
Sara: Hej Katerina, kommer du från Grekland?
Katerina: Ja, jag är från Aten, men jag bor i Sverige nu.
Sara: Arbetar du här i Sverige?
Katerina: Nej, inte nu. Du då, jobbar du?
Sara: Ja, jag är tandläkare. Vad har du för yrke?
Katerina: Jag är läkare.
Sara: Jaha, vad kul! Vi måste gå nu. Vi ska träffa Brians mamma.
Katerina: Okej. Det var roligt att träffas.
Sara: Detsamma! Vi ses!

2

A Arbeta 3–4 personer och presentera er för varandra.

B Titta på fotot på s 18 och skriv en liten dialog.

Varför är du i Sverige?

Renate: Du Brian, varför är du i Sverige?
Brian: Sara, min flickvän, kommer från Sverige.
Du då, varför är du i Sverige?
Renate: Jag har ett hus här. Vi bor här på sommaren, jag och mina barn.
De älskar Sverige. Arbetar du här Brian?
Brian: Ja, jag är programmerare.
Renate: Var arbetar du?
Brian: På ett företag i Stockholm. Företaget heter IT-NU.
Renate: Jaha. Jag jobbar inte. Jag är pensionär. Det är toppen!

Sukanya: Du Akinori, vad gör du här i Sverige?
Akinori: Jag pluggar.
Sukanya: Var läser du?
Akinori: Jag pluggar på Designhögskolan.
Sukanya: Förlåt. Jag förstår inte. Designhögskolan? Vad är det?
Akinori: Det är ett universitet för design. Vad gör du i Sverige?
Sukanya: Jag har en thailändsk restaurang med min man.
Men jag är journalist från början.
Akinori: Å, thailändsk mat! Vad gott! Vi kommer, jag och min flickvän.
Sukanya: Ja, ni är välkomna!
Sara: Du Katerina, varför är du i Sverige?
Katerina: Jag är intresserad av svensk forskning. Jag forskar om cancer.
Sara: Jaha, jag forskar också, om karies.
Katerina: Vad intressant!

FRÅGEORD

Varför? Hur? Vad? Var? Varifrån?

Ö s 12

3

PERSONLIGA PRONOMEN	
jag	vi
du	ni
han/hon	de [dom]

Skriv rätt pronomen.

– Var kommer Kajsa och Sara från?

– __de__ kommer från Sverige.

– Anna och Peter, varifrån kommer __ni__?

– Vi kommer från Luleå.

– Var bor ni?

– __Vi__ bor i Stockholm.

Ö s 13–15

4

Fråga alla i gruppen. 

Exempel:

NAMN	VARFÖR ÄR DU I SVERIGE?	VAD GÖR DU I SVERIGE?
Brian	Han har en svensk flickvän	Han arbetar på IT-NU

Ö s 15

5

A Kan du svenska? Kombinera ord med bild. Skriv ordet vid rätt bild.

ett par skor · en kam · en spegel · en mobiltelefon · en penna · en väska · en flaska vatten · en nyckel · en ordbok · en mp3-spelare · ett läppglans · en tröja

1  en flaska vatten

2  en kam

3  en spegel

4  en mobiltelefon ~~en mp3-spelare~~

5  en mp3-spelare

6  en nyckel

7  en ordbok

8  en penna

9  en tröja

10  en väska

11  ett läppglans

12  ett par skor

B Lång vokal eller konsonant?

Exempel:

en spegel lång vokal

Vad har du i väskan?

En journalist frågar folk på stan:
"Vad har du i väskan?"

– Ursäkta, vad har du i väskan?
– I väskan? Tja … en mobiltelefon, en karta, ett paket tuggummi, en kam, en ordbok, en penna och ett suddgummi.
– Okej, tack så mycket.
– Det var så lite.

en mobiltelefon	ett paket tuggummi
en karta	ett suddgummi

Obestämd artikel

6

A Vad har de i väskan? Vad tror ni? Gör en lista.

Jag tror att hon/han har en/ett … i väskan.
Ja, kanske, eller en/ett …
Nej, jag tror att hon/han har en/ett ... i väskan.

B Vad har personerna i väskan? Komplettera listan.

1 En bussbiljett, ett ____________________,

en banan, en mp3-spelare, en ____________________,

en flaska vatten och en ____________________.

2 En mobiltelefon, ett ____________________,

en läsk, en penna, en ____________________,

pengar, och en ____________________.

3 En tröja, ett par skor, en liten ____________________,

en necessär, en ____________________,

ett pass, en ____________________,

ett paket tuggummi och en ____________________.

Ö s 16–17

Hej då!

– Tack för i dag! Hej då!
– Vi ses i morgon! Hej då!

– God natt! Sov gott!
– God natt pappa!

– Vi säger så då. Tja!
– Tja då! Vi hörs.
– Ja, jag ringer dig.

– Hej då alla! Jag går nu.
– Hej då! Trevlig helg!
– Tack detsamma!

Till sist s 17

3

RÄKNEORD (grundtal)

0 noll [nållI]
1 en/ett [ennn/ettt]
2 två [tfvååå]
3 tre [treee]
4 fyra [fyyy^{j}ra]
5 fem [femmm]
6 sex [sekkks]
7 sju [sjuuu]
8 åtta [åttta]
9 nio [niii^{j}e]
10 tio [tiii^{j}e]
11 elva [elllva]

12 tolv [tålllv]
13 tretton [tretttån]
14 fjorton [fjooortån]
15 femton [femmmtån]
16 sexton [sekkkstån]
17 sjutton [sjutttån]
18 arton [aaartån]
19 nitton [nitttån]
20 tjugo [tjuuugi]
21 tjugoen [tjuennn]
22 tjugotvå [tjutfvååå]
30 trettio [trettti]

40 fyrtio [förttti]
50 femtio [femmmti]
60 sextio [sekkksti
70 sjuttio [sjuttti]
80 åttio [åttti]
90 nittio [nittti]
100 hundra [hunnndra]
1000 ettusen [etttuuusen]
1000 000 en miljon
[ennnmiljooon]

1

A Öva grundtal.

Säg jämna tal: 0, 2, 4 …
Säg udda tal: 1, 3, 5…
Räkna baklänges: 20, 19, 18…
Säg talet efter: 0, 5, 10 …/0, 10, 20 …/0, 3, 6, 9 …

B Kasta tärningar. Säg talet.

Exempel: 

Säg: femhundratrettiosex.

C Öva matematik.

Exempel:

5 + 3 + 6 = 14 (säg: fem plus tre plus sex är fjorton).

Eller 5 – 3 + 6 = 8 (säg: fem minus tre plus sex är åtta).

Ö s 20

Vilken gata bor du på?

– Vilken gata bor du på?
– På Drottninggatan.
– Vilket nummer?
– 68.

– Vad har du för telefonnummer?
– 0703-32 47 89.

– När är du född?
– 1963. Du då?
– 1981.

– Morfar, är du gammal?
– Ojojoj, ja, jag är mycket gammal.
– Jamen, hur gammal är du? 100?
– Nej, så gammal är jag faktiskt inte.
Jag fyller 83 i år.

– Hur många personer är ni i klassen?
– Vi är 16.

– Hur många barn har du?
– Sju.
– Oj!

FRÅGEORD			
Vilken?	Vilket?	Vad … för?	Hur många …?

2

A Fråga varandra.

Vad har du för telefonnummer?
Vilken gata bor du på? Vilket nummer?
Hur gammal är du?/När är du född?

Ö s 20

B Vilka tal hör du?

1 ____________________

2 ____________________

3 ____________________

4 ____________________

5 ____________________

Hur mycket är klockan?

– Ursäkta, hur mycket är klockan? Entschuldigung
– Hon är halv sju. halb 7

– Vad är klockan?
– Den är fem över sju. 5 nach 7

– Ursäkta, har du en klocka?
– Ja, hon är kvart i sju. dreiviertel 7

3

A Kan du klockan på svenska? Kombinera.

halv fem över kvart över fem i kvart i

1 Klockan är kvart över sju.

2 Klockan är kvart i sju.

3 Klockan är fem över sju.

4 Klockan är halv sju.

5 Klockan är fem i sju.

en sekund	en minut	en kvart	en halvtimme	en timme

en stund – eine kurze Weile
om en stund – in einer Weile

B Fråga varandra om tiden.

FRÅGA	SVARA
Hur mycket är klockan?	Hon/den är ….
Vad är klockan?	

Ö s 21

När börjar vi?

– När börjar vi?
– Klockan tio.
– Och när slutar vi?
– Ett prick.

– När börjar filmen?
– Den börjar klockan nio.

– Vilken tid ska vi träffas?
– Vid sju.

– Hur dags äter du lunch?
– Klockan tolv. Du då?
– Vid ett.

När börjar filmen?
Vilken tid ska vi träffas?
Hur dags äter du lunch?

Fråga om tid

4

Fråga varandra.

Vilken tid/när/hur dags vaknar du?
Vilken tid/när/hur dags äter du frukost?
Vilken tid/när/hur dags äter du lunch?

Renates dag

Renate är en mycket aktiv pensionär. Hon vaknar klockan sex och stiger upp direkt. Klockan halv sju äter hon frukost. Efter frukosten tar hon bussen till stan. Hon har en danskurs mellan tio och tolv. Renate dansar line dance.

Hon älskar dans! Efter dansen är hon mycket hungrig förstås. Klockan ett träffar hon en väninna och de äter lunch på en liten restaurang i stan. I dag äter Renate en stor biff med pommes frites och bearnaisesås. Mums!

Renate promenerar hem efter lunchen. Det tar nästan en timme.

På eftermiddagen skriver Renate ett mejl till en vän i USA. Hon skriver om huset i Sverige.

Klockan halv åtta äter Renate middag. Efter middagen diskar hon och spelar lite piano. Pianot är en present från Klaus, Renates son. Klockan nio börjar Renates favoritprogram på teve. Det heter Familjen. Sedan är hon mycket trött. Hon går och lägger sig vid halv elva och somnar direkt.

5

A Stryk under alla subjekt och verb i texten. Skriv S eller V under.

Exempel:

Renate (S) är (V) en mycket aktiv pensionär. Hon (S) vaknar (V) klockan sex och stiger upp direkt.

Klockan halv sju äter (V) hon (S) frukost. Efter frukosten tar (V) hon (S) …

B Subjekt + verb eller verb + subjekt? Ser ni ett system?

Hon **älskar** dans.
Efter dansen **är** hon …
I dag **äter** Renate …

Verbets position

6

A Skriv 7–10 frågor om Renates dag.

Exempel:

Vilken tid/när/hur dags vaknar Renate?

B Fråga paret bredvid. De svarar men tittar inte i texten.

C Byt roller.

D Vad gör du en vanlig dag? Säg meningar med orden i rutan.

På morgonen …	Klockan 10 …	På eftermiddagen …	På kvällen …
Klockan tre …	Klockan 12 …	Efter frukosten …	Efter skolan …

Exempel:

Klockan nio äter jag frukost.

Ö s 22–23

en klocka	klockan
en frukost	frukosten
ett piano	pianot
ett hus	huset

Substantiv bestämd form singular

7

Stryk under alla substantiv i ”Renates dag”. Är det bestämd eller obestämd form? Skriv en lista och fyll i den andra formen.

Exempel:

OBESTÄMD FORM	BESTÄMD FORM
en pensionär	pensionären
en klocka	klockan
en buss	bussen

Ö s 23–24

8

A Berätta om Anjas dag.

Renate och en väninna träffas klockan fyra.

7

8

B Skriv en text om Anjas dag.

9

Skriv tiden.

1 halv 6 | 05:30
2 kvart över ett | 13:15
3 tio över åtta | 08:10
4 kvart i halv två 11:45
5 tjugo i sju | 6:40
6 halv åtta | 07:30
7 kvart över tio | 10:15
8 kvart i fyra
9 klockan två |
10 tjugo över sex |

Studietips

Fråga folk på gatan: Vad är klockan?
När går bussen? osv, även om du vet själv.
Säg: Jag talar inte engelska, även om du gör det.

Imperativform = Stamm

10

A Välj meningar ur rutan och skriv dem vid rätt bild.

– Sätt på teven! Filmen börjar nu. – Titta, en älg! – Parkera inte här!
– Rök inte här! – Sov gott! – Gå Hamngatan rakt fram! NK ligger på höger sida.

1 Sov gott!

2 Parkera inte här!

3 Titta, en älg!

4 Gå Hamngatan rakt fram! NK ligger på höger sida.

5 Rök inte här!

6 Sätt på teven! Filmen börjar nu.

Titta, en älg!
Rök inte här!
Sov gott!

Imperativ

Titta!	tittar
Parkera!	parkerar
Gå!	går
Rök!	röker
Sov!	sover
OBS!	
Kom!	kommer

[ch]

Imperativ → presens

B Skriv 10 instruktioner.

Exempel:

Räkna till 10!	Öppna dörren!
Stäng fönstret!	Sjung!

C Läs upp listan för ett annat par i klassen. De följer instruktionerna.

D Byt roller.

Ö s 24–26

Ett annat sätt att säga "Stäng fönstret!":
Kan du stänga fönstret?
kannst Du das Fenster schließen?
Kan du vara snäll och stänga fönsteret

Till sist s 27

4 1

A Kan du svenska? Kombinera ord och bild.

en tomat · ett telefonkort · ett äpple · en biljett · en apelsin · ett paket tuggummi · en bio · en vampyr · en kiosk

1  en vampyr

2 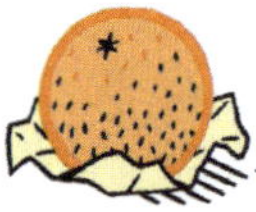 en apelsin

3 

en bio

4 

en biljett

5 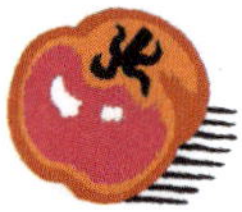 en tomat

6 

[chok]
en kiosk

7 

ett telefonkort

8 

ett paket tuggummi

9  ett äpple

B Lång vokal eller konsonant?

Exempel:

en bilje<u>tt</u> lång konsonant

till – nach

En biljett, tack

I tunnelbanan

– (En biljett) till Stortorget, tack.
– Det blir 40 kronor, tack.
– Tack, så mycket.

På bio

– En biljett till Vampyrer klockan nio, tack.
– Det blir 100 kronor, tack.
– Tack.

På kafé

– En kopp kaffe och en bulle, tack.
– Den här?
– Nej, den där, tack.
– Det blir 25 kronor för kaffet och 20 kronor för bullen.
45 kronor, tack.

En biljett, tack.

Det blir 40 kronor, tack.

Tack.

ENGELSKA:	please	thank you
SPANSKA:	por favor	gracias
TYSKA:	bitte	danke
SVENSKA:	tack	tack

2

A Köp och sälj biljetter.
Välj ur rutan.

konserten 410:–	Vampyrer 95:–	stan 40:–
Stockholm 33:–	Göteborg 504:–	Stortorget 40:–

Exempel:
stan 40:–
– En biljett till stan, tack.
– Det blir fyrtio kronor, tack.

B Byt roller.

I kiosken

– Jag skulle vilja ha ett paket tuggummi, tack.
– Det här?
– Nej. Det där.
– Varsågod.
– Jag vill ha en bussbiljett också, tack.
– Var det bra så?
– Nej, kan jag få ett telefonkort också, tack.
– Javisst! 120 eller 240 kronor?
– 120, tack.
– Det blir 150 kronor, tack.

Kan jag få …?

Jag vill ha …

Jag skulle vilja ha …

Ich würde wollen haben

Hjälpverb + INFINITIV

Kan jag ~~får~~ …?

HJÄLPVERB

kan vill skulle vilja

3

A Köp och sälj i kiosken. Välj fraser ur rutan och skriv en liten dialog.

en kanelbulle 12 kronor

en tidning 16 kronor

en chokladkaka 20 kronor

en bussbiljett 20 kronor

en kopp kaffe 20 kronor

ett telefonkort 120 eller 240 kronor

ett paket tuggummi 10 kronor

en banan 7 kronor

KÖPA	SÄLJA
Jag vill ha …	Varsågod.
Kan jag få …	Var det bra så?
Jag skulle vilja ha …	Det blir …

B Läs dialogerna för varandra i klassen.

Ö s 29

I teknikaffären

– Hej! Vad kostar den där mobiltelefonen?
– Den här?
– Nej, den där.
– Den kostar 545 med abonnemang.
– Och den där?
– Den kostar 999 utan abonnemang.
– Har den kamera?
– Ja, det har den.
– Jag tar den där utan abonnemang med kamera. Jag vill ha det där dataspelet också.
– Det här?
– Ja, just det. Vad kostar det?
– Det kostar 1 349.
– Okej.

en mobiltelefon	den	den här/där
ett dataspel	det	det här/där

PRONOMEN
personligt och demonstrativt

4

Vad kostar ...? Fråga varandra.

en stereo 20 299:–	en digitalkamera 1 500:–	en mp3-spelare 678:–
ett dataspel 540:–	ett hemmabiosystem 7 999:–	en teve 11 000:–

Exempel:
ett headset 149:–
– Vad kostar headsetet?
– Det kostar etthundrafyrtionio kronor.

Ö s 29

5

A Kombinera bild och ord. Skriv rätt bokstav på raden.

1 paprikor	C	5 apelsiner	B
2 gurkor	G	6 bananer	D
3 druvor	E	7 äpplen	H
4 purjolökar	F	8 päron	A

pl unbestimmt

B Vad kostar det?

På torget

1 paprikor
3 för 15 :–

2 gurkor
2 för 20 :–

3 druvor
50 :– / kilo.

4 purjolökar
12 :– styck.

5 apelsiner
2 kilo för 35 :–

6 bananer
3 för 12 :–

7 äpplen
5 för 12 :–

8 päron
27 :– / kilo.

Plural

1 gurkor	en gurka
2 purjolökar	en purjolök
3 tomater	en tomat
4 äpplen	ett äpple
5 päron –	ett päron
mp3-spelare –	en mp3-spelare

SUBSTANTIV
plural och singular

Studietips

Använd en ordbok för att se oregelbundna pluralformer.

6

A Sortera. Titta på pluralformen.

~~paprikor~~ dataspel druvor telefoner paket
tuggummin aprikoser bananer headset bullar
cigaretter vampyrer telefonkort kronor biljetter
tidningar kanelbullar hemmabiosystem kameror apelsiner

Exempel:

1	2	3	4	5
GURKOR	PURJOLÖKAR	TOMATER	ÄPPLEN	PÄRON
paprikor				mp3-spelare

B En eller ett? Vad heter orden i singular?

Exempel:

gurkor → en gurka

Ö s 30–33

Till sist s 33

Studietips

Skriv nya ord på lappar med svenska på en sida och ditt språk på andra sidan.

5 Fem på stan

En journalist frågar fem personer på stan: ”Vad brukar du göra på fritiden?”

Arne 65, Umeå

Berit 59, Hägersten

Sukanya 32, Stockholm

Ulf 45, Göteborg

Christian 17, Falun

A Jag brukar träffa vänner. Vi går ofta på teater eller konsert. På tisdagar går jag alltid på vattengympa. Jag går sällan på restaurang. Jag äter ofta med vänner hemma.

B Jag brukar spela dataspel. Ibland går jag på bio. På söndagar tränar jag med min hund Apollo.

C Jag har inte mycket fritid. Men jag brukar läsa tidningen och skriva e-post till mina kompisar. På måndagar sjunger jag alltid i en kör. Det är fantastiskt.

D På fritiden brukar jag jobba i trädgården. Jag och min sambo har en stor trädgård med många blommor. På söndagar åker jag ofta på auktioner på landet.

E Jag är pensionär. Jag brukar jaga och fiska. Ibland går jag till biblioteket och läser tidningar. Jag går aldrig på bio. Min fru och jag brukar åka till Spanien på vintern.

1

A Vem gör vad? Vad tror (glauben) du? Skriv A–E vid fotona.

B Diskutera med din partner.

Jag tror att A är Arne.
Ja, det tror jag också.

Nja, jag tror att A är Sukanya.
Tror du?
Varför tror du det

eftersom → weil

Jag brukar träffa vänner. Jag träffar ofta vänner.
Jag brukar spela dataspel. Jag spelar ofta dataspel.

VERB
infinitiv och presens

Ö s 35–36

ADVERB FÖR FREKVENS

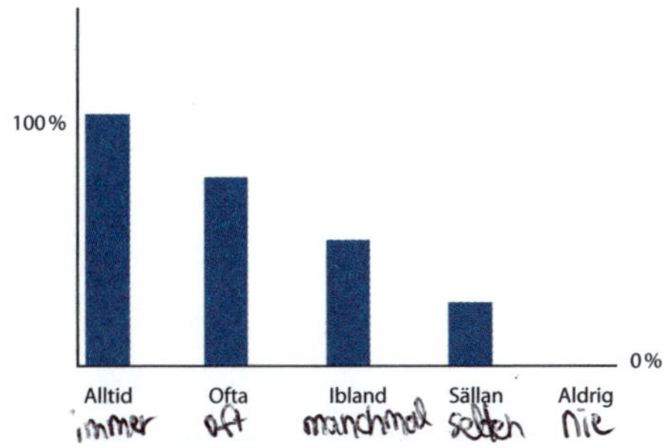

nach fin. Verb

Jag går alltid/ofta/sällan/aldrig på bio.

SPECIAL

Jag går på bio ibland.

Ibland går jag på bio.

Adverbets position

Jag brukar alltid går på bio.

2

A Slå upp orden för intressen.

INTRESSEN

spela
- fotboll
- innebandy
- hockey
- frisbeegolf
- schack
- poker/kort
- trumpet
- gitarr
- dataspel

åka
- skidor
- skridskor
- skateboard

gå i
- naturen

gå på
- teater
- bio
- opera
- konsert
- auktioner
- museum
- gym
- krogen
- klubb
- restaurang
- bar

titta på
- teve
- dvd

B Vad har du för intressen? Skriv en lista.

C Fråga varandra. Vad gör du ofta/sällan/ibland/aldrig på fritiden?

D Vad gör du på måndagar, tisdagar, onsdagar, torsdagar, fredagar, lördagar, söndagar?

VECKODAGAR

måndag tisdag onsdag torsdag fredag lördag söndag

E Fråga alla i gruppen. Vem brukar …?

	NAMN
lyssna på musik?	Maria, Max, Jana
släktforska?	Maria
ta en öl med kompisar?	Flo, Jan
spela tennis?	Max
surfa på Internet?	Maria, Jana
gå på gym?	Jan
gå på opera?	Philipp
gå i naturen?	Jan, Max
simma?	Judith
spela dataspel?	Jan, Mathias

Ö s 37–40

Ska vi gå på bio eller hockey eller …?

– Vill du gå på bio i kväll?
– Ja, gärna. Vad vill du se?
– Jag vill se Agent 46.
– Jag också. Vad kul!

– Skulle du vilja gå på hockey med mig på onsdag?
– Ja, gärna. Vem spelar?
– Det är IFK mot DIF.
– Skoj! När är det?
– Klockan sju.

– Har du lust att gå på teater nästa vecka?
– Vilken dag?
– På tisdag.
– Tyvärr, jag kan inte. Jag ska träffa Peter då.

– Ska vi gå på konserten med Kromixa i morgon?
– Jag skulle vilja gå, men jag kan inte.
Jag måste träffa min pojkväns föräldrar.

– Har du lust att gå på Experimentteatern med mig i kväll?
– Jag vet inte. Kan vi inte ta en öl i stället?
– Tja, varför inte.

Hjälpverb + infinitiv

Jag vill se en film.

Skulle du vilja gå på ishockey?

Jag kan inte gå på teater nästa vecka.

Jag ska träffa Peter.

Jag måste träffa min pojkväns föräldrar.

HJÄLPVERB

vill   kan   ska   måste   skulle vilja

Ö s 41

3

A Titta på annonserna och diskutera vad ni ska göra. När ska ni göra det?

NÖJEN

BIO

Filmparadiset
Vampyrer. 95 kr. 15 år.
13.15, 15.00, 17.15, 19.00
Jag älskar dig. 85 kr.
Bt. 15.15, 21.15
Universum. 100 kr.
Bt. 17.00, 20.30

CENTRALBION Urlaub in der Hölle
Semester i helvetet 95 kr. 15 år.
19.00, 21.00
Agent 46. 95 kr. 15 år.
17.00 Man måste vara 15 år.

PÅ SCEN Auf Bühne

Stadsteatern
Hamlet
19.30
Biljetter: 150–400 kr

EXPERIMENTTEATERN
Akrobatisk poesi
Sista föreställningen!
20.00
Fritt inträde! Ta med dina vänner!
Freier Eintritt! Bring deine Freunde!

OPERAN
Valkyrian
Publiksuccé!
18.00
Speltid 5 timmar
Biljetter: 100–850 kronor

MUSIK

Stefan med gitarr
Musik och humor på Tyrol
Biljetter 500 kronor inkl. middag.

SPORT

Djurgården – Färjestad
Hockeyarenan
19.00
Biljetter: 250–500:–

FRÅGA				SVARA
Vill du/ni	gå på	[aktivitet]	på måndag?	Ja gärna!
Skulle du/ni vilja	se		på tisdag	Ja! Vad kul/roligt/ skoj!
Ska vi	höra		på onsdag	
Har du/ni lust att				
			i dag heute	Hmm, kanske.
			i morgon	Nja, jag vet inte.
			i kväll	Kan vi inte …
			i morgon kväll	i stället?
				Nej, tyvärr.
				Jag kan inte.
			nästa vecka	Jag måste …

wo = var

B Det är fredag. Katerina, Sara och Saras kompisar Peter och Kristian pratar om vad de ska göra i kväll. De tittar i tidningen. Vad talar de om? Kryssa för rätt alternativ.

- [x] film
- [ ] jazz
- [x] opera
- [x] hockey
- [ ] fotboll
- [ ] rockkonsert

C Lyssna igen. Kryssa för rätt alternativ.

1 Katerina vill se
- [x] en romantisk film.
- [ ] en thriller.
- [ ] en komedi.

2 Varför vill Kristian inte gå på Operan?
- [ ] Han är trött.
- [x] Operan är så lång.
- [ ] Det är så dyrt.

3 Varför vill Katerina inte gå på hockey?
- [ ] Hon vill gå på fotboll.
- [x] Det kostar för mycket.

4 Varför vill Peter inte se en thriller?
- [ ] Han vill dricka öl.
- [ ] Han vill se en romantisk film.
- [x] Han är rädd.

hat Angst

Studietips

Tjuvlyssna på folk på gatan, på bussen, på tåget osv.
Om du inte förstår: lyssna på språkets rytm och melodi.

Teve, dvd eller bio?

Vad är det på teve i kväll? Per och Mia tittar i tidningen. Vad ska de titta på? Ett engelskt teveprogram om psykologi? Två amerikanska program om plastikkirurgi. Ett tyskt program om öl eller ett italienskt program om maffian? Nej, fy vad tråkigt!

Ska de hyra en dvd? Hmm, i videobutiken finns mest amerikanska actionfilmer och dåliga komedier.

– Bio, säger Peter. De tittar i tidningen på bioannonserna. Det finns många olika filmer. Peter vill se en kinesisk film. Mia vill se en fransk film. Men titta, här finns en dansk film som båda vill se! Mia köper biljetter på Internet.

en dansk film
ett tyskt teveprogram

danska filmer
tyska teveprogram

Adjektivets form

4

A Titta på texten om Per och Mia. Stryk under alla adjektiv.
Titta på formerna. Kan ni se ett system?

B Skriv rätt form av adjektivet.

romantisk	1 – Ska vi se en ______________ film?
dålig romantisk	2 – Nej, vi ser alltid ______________, ______________ filmer.
fransk	3 – Ska vi se en ______________ film?
svår	4 – Nej, franska filmer är så ______________!

Ö s 42

C Prata med varandra om film och teve.

FRÅGA	SVARA
Vad gillar du för filmer/teveprogram? Vad tycker du om för filmer/teveprogram?	Jag gillar/tycker om *svenska* filmer.

ADJEKTIV	
svensk	italiensk
dansk	kinesisk
tysk	indisk
amerikansk	japansk
engelsk	koreansk
fransk	

Vad roligt!

– Ska vi gå på tennismatchen på söndag?
– Ja, vad roligt!

– Jag kan inte komma i kväll. Jag är sjuk.
– Vad tråkigt!

5

A Vad svarar du?

Vad tråkigt! Vad roligt!
Vad skoj! Vad synd! Vad kul!

Exempel:

– Jag ska åka till Hawaii på måndag. – *Vad roligt!* wie lustig

– Jag kan inte komma på festen. – *Vad synd!*

1 Jag ska gå på hockey i kväll.
2 Jag kan inte komma till kursen i morgon.
3 Jag kan inte gå på teater på lördag. Jag måste plugga.
4 Jag ska gå på en stor fest med 100 personer på fredag.
5 Jag ska åka till Göteborg och gå på fotboll nästa vecka.

B Skriv fler exempel.

Till sist s 43

Test 1+2 www.nok.se

Studietips

Tala så mycket som möjligt! möglich

Är din mamma nobelpristagare?

Brian sitter och pratar med en kollega, Lisa.

Lisa: Vad gör dina föräldrar?
Brian: De är pensionärer nu, men min pappa arbetade som trädgårdsmästare och min mamma forskade.
Lisa: Jaha, vad forskade hon i?
Brian: Biomedicin.
Lisa: Oj, vad spännande! Då kanske hon får Nobelpriset en dag?
Brian: Nja, jag vet inte. Men jag drömde ofta om att hon fick det, när jag var barn.
Lisa: Jobbade hon mycket?
Brian: Ja, ganska. Och på helgerna hjälpte hon alltid pappa med trädgården. Vi bodde i ett ganska litet hus men vi hade stor trädgård.

Lisa:	Har du syskon?
Brian:	Ja, jag har två systrar, en som är advokat och en som är kock och en bror som är lärare. Alla bor i England.
Lisa:	Träffar du dem ofta?
Brian:	Nej, ganska sällan faktiskt. Vi ringer till varandra ibland. I går ringde min faster till exempel. Men förra året hade vi en stor fest för hela släkten. Då kom nästan alla, min faster och farbror, mina mostrar, farfar och farmor, mormor och en massa kusiner.
Lisa:	Oj, vad roligt! Jag träffar aldrig mina kusiner. Min morbror flyttade till Nya Zeeland för tio år sedan och startade en strutsfarm där.

IMPERATIV	PRESENS	PRETERITUM
forska!	forskar	forskade
ring!	ringer	ringde
hjälp!	hjälper	hjälpte
(bo!)	bor	bodde

PRETERITUM
DÅ

1

A Stryk under alla verb i preteritum i texten. Är några verb ”special”? Säg alla verb i presens.

B Läs frågorna här nedanför för din partner. Hon/han svarar men tittar inte i texten.

1. Vad arbetade Brians föräldrar med?
2. Vad forskade Brians mamma i?
3. Vad drömde Brian ofta om när han var barn?
4. Hur bodde Brian och hans familj?
5. Vad gjorde föräldrarna på helgerna?
6. Vad arbetar Brians syskon med?
7. Var bor Brians syskon?
8. Vad gjorde Brians familj förra året?
9. Vad arbetar Lisas morbror med?
10. Var bor Lisas morbror?

Vad gjorde du i fredags?

– Vad gjorde du i fredags?
– I fredags? Då hälsade jag på farfar som var sjuk.
– Jaså, jag trodde att du var på konferens i Bryssel.
– Nej, jag var där i onsdags.

i måndags
i tisdags osv.
i somras
i höstas
i vintras
i våras

TIDSADVERB
DÅ

ÅRSTIDER
vinter vår sommar höst

2

Intervjua varandra.
Vad gjorde du i går, i fredags, i lördags, i somras, i vintras osv?

Ö s 44–45

En släkt

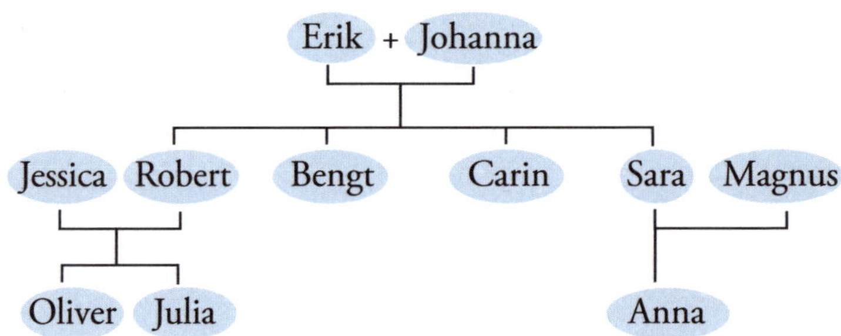

3

Välj ord ur rutan och skriv dem där de passar in.

Tips: pappa = far, mamma = mor

syskon	morfar	farmor	farfar	barnbarn
faster	föräldrar	kusiner	mormor	moster
farbror	morbror	dotter	son	

1 Johanna är Annas mormor

2 Erik är Olivers farfar

3 Erik och Johanna är Bengts föräldrar

4 Sara är Julias faster

5 Robert är Annas ~~moster~~ morbror

6 Johanna är Olivers farmor

7 Bengt är Julias farbror

8 Anna är Magnus dotter

9 Oliver är Jessicas son

10 Erik är Annas morfar

11 Oliver, Julia och Anna är Johannas barnbarn

12 Julia och Anna är kusiner

13 Carin är Annas moster

14 Oliver och Julia är syskon

Jag har en syster. Hon är advokat.
Jag har en syster **som** är advokat.

Jag har en bror. Han är lärare.
Jag har en bror **som** är lärare.

RELATIVT PRONOMEN
som

4

A Säg meningarna här nedanför med *som*.

Exempel:
Jag har en faster. Hon är psykolog. → Jag har en faster som är psykolog.

1 Jag har en bror. Han heter Olof.
2 Jag har en syster. Hon är meteorolog.
3 Jag har en kusin. Han bor i Frankrike.

Ö s 46

B Berätta om din släkt. Du som lyssnar: ge respons.

☺	☹
Jaha!	
Vad roligt!	Vad tråkigt!
Vad spännande!	
Oj då!	

Mitt barnbarn heter också Oscar

– Sofie, vad heter din bror?
– Thomas. Din då?
– Han heter Per.

– Axel, vad heter ditt barnbarn?
– Han heter Oscar.
– Nämen! Mitt barnbarn heter också Oscar!

– Bor dina systrar också i Sverige, Gail?
– Nej, de bor i Australien. Var bor dina syskon?
– Mina bröder bor i Nederländerna, men min syster bor i Sverige.

min bror	(en bror)
mitt barnbarn	(ett barnbarn)
mina bröder	(två bröder)
din bror	
ditt barnbarn	
dina barnbarn	

POSSESSIVA PRONOMEN
för *jag* och *du*

FLER POSSESSIVA PRONOMEN

jag	min/mitt/mina	vi	vår/vårt/våra
du	din/ditt/dina	ni	er/ert/era
han	hans	de	deras
hon	hennes		

5

A Läs meningarna.

Mitt hus är stort.
Min bil är fin.
Mina hundar är alltid glada.
Min mormor är mycket gammal.
Min favoritfrukt är mango.
Min bästa vän bor i Västerås.

B En av er berättar.

Den andra antecknar och kontrollerar sedan att det är rätt.

Min/mitt/mina	bästa vän bror/syster föräldrar barn bil/cykel husdjur favoritfrukt osv.

Exempel:

A: Min bästa vän heter Lukas. Mitt hus är ... Min bil är ...
B: Din bästa vän heter Lukas. Stämmer det?/Är det rätt?
A: Ja, det stämmer./Ja, det är rätt.
A: Ditt hus är ...
B: Ja, just det.

Ö s 47–48

POSSESSIVA PRONOMEN OCH ADJEKTIV

en fin bil/min bil
ett fint hus/mitt hus
två glada hundar/mina hundar

Min bil är fin.
Mitt hus är fint.
Mina hundar är glada.

Adjektiv efter verb

6

Gör meningar med possessiva pronomen och adjektiv.

Exempel:

jag ett hus vacker		Mitt hus är vackert.
vi en bil gammal	1	Vår bil är gammal
jag bilar amerikansk	2	Mina bilar är amerikanska
de ett piano gammal	3	deras piano är gammalt
vi farfar gammal	4	Vår farfar är gammal
ni ett hus fin	5	Ert hus är fint

Ö s 48–49

ALFRED NOBEL

Den 10 december varje år talar alla om Nobel. Då delar Sveriges kung ut Nobelpriset i fysik, kemi, medicin, litteratur och ekonomi.

På kvällen äter 1 200 gäster en fin middag i Stockholms stadshus. Festsalen är dekorerad med blommor från San Remo.

Det var just den 10 december Alfred Nobel dog i San Remo i Italien. Då var han 63 år gammal.

Alfred Nobel föddes i Stockholm men växte upp i S:t Petersburg. Han var mycket intresserad av kemi och fysik, men också av litteratur och språk och talade ryska, engelska, tyska och franska flytande.

År 1863 flyttade familjen Nobel tillbaka till Stockholm. Där började de experimentera med nitroglycerin. Ett av experimenten slutade i katastrof och flera personer dog. Alfreds bror Emil dog också.

Men Alfred Nobel fortsatte arbetet och 1867 tog han patent på dynamit. Han började tjäna mycket pengar. Han hade cirka 90 fabriker i 20 olika länder när han dog.

Nobel levde ensam hela livet, han gifte sig aldrig och han hade inga barn. Nobel ville att man skulle starta en fond av hans pengar och dela ut ett stort pris i hans namn till olika forskare varje år. Fem år efter hans död delade man ut de första nobelprisen.

Är du i Stockholm? Gå till Nobelmuseet eller besök Vinterviken och se Nobels dynamitfabrik.

7

A Skriv 8–10 frågor till texten om Nobel.

B Fråga paret bredvid. De svarar men tittar inte i texten.

C Byt roller.

8

A Skriv en kort text om en berömd person från ditt land.
Skriv inte personens namn.

Exempel:

1956 föddes en mycket speciell person. Han blev bäst i världen på tennis och han vann Wimbledon fem gånger. Efter tenniskarriären startade han en klädfirma. Vem är han, tror du?

B Öva att berätta om personen.

C Berätta för de andra i gruppen.
De andra gissar vem personen är.

Du som lyssnar: Lyssna aktivt. Förstår du inte? Fråga!

Vad betyder …?
Kan du säga det igen?
Lite långsammare, tack.
Nej, nu förstår jag inte. En gång till!
Ursäkta?/Förlåt?/Va?

9

Lyssna på cd:n eller din lärare och skriv det du hör.

Till sist s 50

7 I snabbköpet

INGÅNG →

FRUKT OCH GRÖNT
vindruvor
päron

bananer
äpplen

sallad
tomater
gurka
paprika
vitlök
gul/röd lök
rotfrukter
potatis
morötter

BRÖD
knäckebröd
ljust/mörkt bröd
kanelbullar
kakor
kex

KONSERVER
tomat på burk
sylt
marmelad
senap
ketchup

SPECERIVAROR
mjöl
socker
havregryn
kakao
kaffe
olja
vinäger
pasta
ris

MEJERIER
mjölk
fil
grädde
smör
ägg
ost

CHARKUTERIER
skinka
korv
leverpastej
falukorv
blodpudding

DRYCKER
saft
läsk
öl
mineralvatten
godis

GODIS

HYGIENARTIKLAR
tvål
schampo
tvättmedel
toapapper

FRYSVAROR
grönsaker
fiskpinnar
köttbullar
glass

KÖTT
nötkött
fläskkött
köttfärs
bacon

FÅGEL
kyckling
kalkon

FISK
lax
torsk
räkor
sill
böckling

KASSA

tidningar
chips
jordnötter
snus
cigaretter
rakblad

← UTGÅNG

– Ursäkta, har ni lingonsylt?
– Ja, i hyllan med konserver, bredvid brödet.
– Tack.

– Förlåt mig, var finns schampo?
– Bland hygienartiklarna. De finns mellan godiset och frysvarorna.
– Okej, tack.

– Du, var finns kakao?
– Bland specerierna. Det står till höger om kaffet.
– Och falukorven?
– Bland charkuterierna. Till vänster om blodpuddingen.

– Hej! Parmesanost …?
– Den är slut, tyvärr.

– Har ni tidningar?
– Javisst. I hyllan vid kassan.

Vid kassan
– Var det bra så?
– Nej. Ett paket cigaretter, en skraplott och ett paket saffran också, tack.
– Det blir 571 och 50.
– Här är 600 kronor.
– Har du 1 och 50?
– Ja, vänta lite. Här.
– Då blir det 30 kronor tillbaka.

Den/det/de finns **till höger/till vänster** om …
Den/det/de finns **mellan** … och …
Den/det/de finns **i** hyllan **vid** kassan.

Prepositioner

1

Fråga efter olika varor. Titta på kartan över affären på s 64.

KONTAKT

Ursäkta (mig) ...
Förlåt (mig) ...
Du ...

FRÅGA

Har ni ...?
...?
Var finns ...?

SVARA

Den/det/de finns { bredvid ... / mellan ... / till vänster om ... / till höger om ... }

Ö s 51–52

2

Skriv siffrorna.

1
– Det blir 314 och 50, tack.
– Okej.

2
– Var det bra så?
– tre paket cigaretter också tack.
– Okej. Tidningen kostar 15 kronor. Cigaretterna kostar 119 kronor. Det blir 13 kr tillsammans.

3

– ____________ och ____________ tack.

– Här är ____________ kronor.

– Har du ____________ och ____________?

– Ja, vänta lite. Här.

– Det blir ____________ kronor tillbaka.

4

– ____________ och ____________ tack.

– ____________?

– Nej ____________ och ____________.

– Okej förlåt. Jag hörde fel. Här är ____________ kronor.

– Har du ____________ öre?

– Nej, tyvärr. Jag har inga småpengar.

– Då blir det ____________ och ____________ tillbaka.

Studietips

Lyssna mycket på textbokens cd.
Växla mellan att lyssna intensivt och extensivt.

3

Kombinera förpackning och vara.

en ask	~~en tub~~	ett paket
en burk	~~en flaska~~	en påse

Exempel:

1 en tub kaviar

4 en flaska öl

2 en burk lingonsylt

5 en påse chips

3 ett paket kaffe

6 en ask tändstickor

Ö s 52

Jag skulle vilja ha …

Vid fiskdisken

– Nummer 117?
– Det är jag.
– Ja, tack?
– Jag skulle vilja ha två hekto lax. (= 100 g)
– Ja, tack. … två hekto, varsågod. Något annat?
– Ett kilo strömming också tack.
– Filéer?
– Ja, tack. Vad kostar räkorna?
– De kostar 134 kronor kilot.
– Jag tar ett halvt kilo, tack.
– Ja, tack. Något annat?
– Nej, tack, det är bra så.

Vid ostdisken

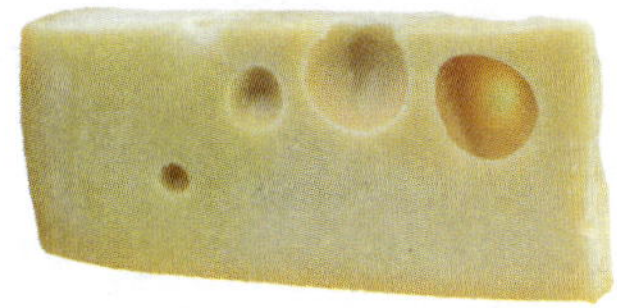

– Har ni någon stark ost?
– Vill du ha en hårdost eller en dessertost?
– En hårdost.
– Vi har en lagrad grevé här.
– Hmm. Jag tycker bättre om västerbotten. Har ni det?
– Visst. Här är en jättegod västerbotten, extralagrad. Vill du smaka?
– Mmm. Den var god!
– Den här biten väger 2 hekto.
– Hmm. Har du någon större?
– Ja, den här. 3 hekto.

På Systembolaget

– Hej, jag vill ha ett gott rödvin från Italien.
– Ja, vad ska du äta till?
– Jag ska äta lamm med vitlök och rosmarin.
– Då passar det här vinet jättebra. Det kostar 259 kronor.
– Har du något billigare?
– Ja, det här kostar 69. Det är också gott.
– Då tar jag det.
– Hur många flaskor?
– Två tack.
– Det blir 138. Vill du ha en påse också?
– Ja, tack.
– 140 kronor jämnt då.

På torget

– Är melonerna goda?
– Ja, mycket goda och söta. Här är en på två kilo.
– Har du någon mindre?
– Ja, den här.
– Bra. Varifrån kommer äpplena?
– Från Argentina. Svenska äpplen kommer i augusti.
– Och päronen?
– Från Frankrike.
– Har du någon svensk frukt?
– Ja, jordgubbarna kommer från Skåne.
– Bra, då tar jag 2 liter.

1 räkor	räkorna
2 jordgubbar	jordgubbarna
3 meloner	melonerna
4 äpplen	äpplena
5 päron	päronen
mp3-spelare	mp3-spelarna

SUBSTANTIV
bestämd form plural

Ö s 53–54

Har du någon billigare?
Har du någon större?
Har du någon mindre? *lite*

ADJEKTIV
komparativ

Ett hekto (100 gram), två hekto
Ett kilo (1 000 gram), två kilo
En liter, två liter
En halv/ett halvt

Ö s 55–56

4

A Skriv en egen dialog. Fråga efter något billigare, dyrare, större, mindre i affären.

B Läs upp dialogerna i gruppen.

Vad gillar du för mat?

Bertil i Malmö

Jag älskar typisk skånsk mat som sill, ål och spettekaka. Jag gillar också pytt i panna och biff med lök. Men jag tycker inte om moderna saker som pasta och ris. Potatis ska det vara.

Sofia i Göteborg

Här i Göteborg älskar vi fisk. Det finns alltid färsk fisk i Fiskekyrkan*. Fet mat gillar jag inte. Jag tycker om fräsch mat som sallader. Och jag hatar blodpudding.

Mia i Linköping

Jag är vegetarian. Kött är äckligt och det är fel att döda djur. Grönsaker är gott och nyttigt. Jag äter ofta ekologisk mat.

Therese i Stockholm

Jag brukar inte äta traditionell svensk mat. Här i Stockholm finns mat från hela världen. Jag älskar libanesisk mat. Det är urgott!

tycker om = mögen

Ulf-Magnus i Umeå

Här i Umeå är många unga människor vegetarianer. Det kan jag inte förstå. Jag älskar att jaga och äter nästan bara älg och rådjur. Jag tycker om surströmming också. Grönsaker tycker jag inte om. En riktig man måste ha kött.

* En saluhall i Göteborg.

FUNDAMENT	VERB 1	SUBJEKT	SATSADVERB	VERB 2	PARTIKEL	OBJEKT
Jag	tycker				om	potatis.
Grönsaker	tycker	jag	inte		om.	
Jag	brukar		inte	äta		traditionell svensk mat.

Ordföljd

Ö s 57

5

A Fråga de andra i gruppen.

Exempel:

Vad tycker du om för mat?

Vilken mat tycker du inte om?

NAMN	TYCKER OM	TYCKER INTE OM
Brian	grönsaker	kött

B Presentera listan i gruppen.

C Några barn berättar vad de gillar och inte gillar.
Skriv sakerna på rätt rad.

Exempel:
Jag gillar korv med makaroner. Men blodpudding är äckligt.

	☺	☹
	korv med makaroner	blodpudding
1	glass, pankaker	fisk, potatis
	~~glar~~ jordgubbar, torta	
2	köttbullar med spaghetti,	brokoli
	Ketchup	
3	hamburgare, korv -Wurst	salad tomater
4	~~tomater~~ godis	ost, ärtor, tomater
5	all mat, lax, sill	bananer

Till sist s 58

John – en tidsoptimist?

John, en ung kille i Kanada, har alltid varit intresserad av Sverige men han har aldrig varit där. Han har studerat svenska i två år nu och han pratar ganska bra.

I dag ska John resa till Stockholm. Det är första gången han besöker Sverige och han har planerat resan länge. John älskar att planera! Han har läst flera böcker och guider om sevärdheter i Stockholm och han har köpt en bra karta över staden.

John har bokat ett billigt rum på ett enkelt hotell. Det ligger mellan flygplatsen och stan. Den första natten ska han bo på hotellet, sedan ska han bo hos Pia, en vän som har en stor lägenhet mitt i stan.

Det är många saker John vill göra i Stockholm och han har gjort ett litet program. Han ska

1 besöka Vasamuseet
2 promenera i Gamla stan
3 ta en båttur ut i skärgården
4 handla svensk kristall
5 gå på Jazzfestivalen på Skeppsholmen
6 paddla kanot i Djurgårdsbrunnskanalen
7 se Drottningholms slott
8 gå på Moderna museet
9 köpa svenska delikatesser

Vill du veta mer om sevärdheterna? Sök på Internet.

John har planerat resan länge.

Har + supinum = presens perfekt

1

A John har ett problem: tid. Han har bara en vecka i Stockholm. Hinner han göra allt? Eller ska han göra något annat? Vad måste han göra, tycker ni? Vad behöver han inte göra? Ska han göra något mer? Diskutera med varandra och skriv en egen lista.

B Berätta för varandra.

C Tänk dig att en vän planerar att resa till din stad. Vad ska hon eller han göra i din stad, tycker du? Varför? Skriv en lista.

D Berätta för varandra.

DU SOM BERÄTTAR	DU SOM LYSSNAR
Det finns mycket att göra och se i …	Jaha.
Det finns inte så mycket att se i …	Nähä.
Hon/han kan först ...	
därför att det är historiskt/modernt /mycket vackert/intressant /gammalt …	Oj, det låter härligt/ vackert/spännande …
Sedan kan hon/han …	

2

A Stryk under alla verb i supinumform i texten om John.

B Vad heter verben i imperativ? Är några verb special, tror ni?

C Kan ni se ett system för supinum?

Karaoke och annat ...

– Har du sjungit karaoke någon gång?
– Ja, det har jag. En gång i Tokyo. Det var 2004.
– Berätta!
– Det var jätteroligt. Vi var på en bar ...

– Har du vindsurfat någon gång?
– Ja, en gång. Men det var för tio år sedan.

Han **har läst** flera böcker om Sverige.
(= Tiden är inte intressant.)
Han **har studerat** svenska i två år nu.
(= Han studerar fortfarande.)

TEMPUS
presens perfekt

Det **var** 2004.

TEMPUS
preteritum

Det var **för** tio år **sedan**.

Tidspreposition

Studietips

Skriv egna exempel med nya ord, t ex: springa – Jag springer 10 kilometer varje vecka.
Lär dig adjektiv i motsatspar, t ex: stor – liten.

3

A Skriv verben till bilderna i presens perfekt.
Specialverben är markerade med *.
Fråga din lärare eller se s 228 i Minigrammatiken.

sjunger* karaoke

har du sjungit

vindsurfar

har du vindsurfert

bakar kanelbullar

har du bakat

springer* maraton

sprungit

kör motorcykel

kört

hoppar bungy jump

hoppart

dansar tango

dansart

är* med i ett teveprogram

varid

tältar

tältart

rider*

ridit

åker skidor (slalom)

åkt

B Titta på bilderna och fråga varandra: Har du … någon gång?

FRÅGA	SVARA
Har du … någon gång?	Nej, det har jag inte./Nej, aldrig.
	Ja, det har jag.
Hur många gånger?	En gång/flera/många gånger.
När var det?/När då?	Det var för … sedan.
Berätta!	

Ö s 59–60

4

A Vad är det för väder? Skriv meningarna vid rätt bild.

Det är varmt · Det är kallt · Det åskar · Solen skiner · Det är mulet/molnigt · Det blåser · Det regnar · Det snöar

1 ~~Det har~~ regnat | det regnar

2 ~~Det har~~ blåset | det blåset

3 solen skinet | solen skiner

4 ~~har~~ snöart | det snöar

5 varit mulet | det är molnigt

6 varit kalt | det är kalt

7 varit varmt | det är varmt

8 åskart | det åskar

B Prata med varandra om väder. Vad är det för väder i dag? Vad var det för väder i går? Vad är det för väder i ditt land nu?

Ö s 60

Ett mejl

John sitter på ett internetkafé och mejlar hem till Kanada. Han skriver till Monica. Hon är Johns lärare i svenska. John skriver på svenska förstås.

Hej Monica,

Här i Stockholm är allt toppen! Solen skiner och det är ungefär 20 grader varmt. Hur är vädret hemma i Kanada?
Första natten i Stockholm bodde jag på hotell, men nu bor jag hemma hos min kompis Pia. Det är perfekt! Jag pratar bara svenska här. Det går ganska bra faktiskt.
Det finns så mycket att göra i Stockholm. Jag har ...
Vi ses snart!

Hälsningar Grüße
John

5

A Skriv färdigt Johns mejl. Vad har han gjort? Skriv i presens perfekt.

Exempel:

Det finns så mycket att göra i Stockholm. Jag har besökt Vasamuseet, jag har ...

B Skriv ett mejl till en vän och berätta vad du har gjort den här veckan.

6

A Titta på bilden av Johns hotellrum. Vad har han gjort? Prata om bilden.

B Skriv sedan en lista. Exempel: *Han har öppnat fönstret ...*

7

Boka bord, hotellrum och annat

A Läs dialogen i par.

– Hej, jag skulle vilja boka ett bord den andra november klockan halv sju.
– Javisst, det går bra. Hur många personer?
– Fem.
– Hur var namnet?
– Svensson.
– Då är ni välkomna den andra november klockan halv sju.
– Tack för det.

B Välj repliker ur rutan och skriv dem under rätt rubrik. Det blir fyra dialoger.

Det går om fem minuter. ~~Hundralappar blir bra.~~ Oj då! Heinz.

Ett ögonblick, ska vi se. Hur många nätter?

~~Javisst, varsågod. Det blir tio kronor.~~ ~~Hej, kan jag växla 100 euro till kronor?~~

Vilken tid går tåget till Malmö? ~~Hej, kan jag få ett frimärke för brev till Kanada?~~

Två. ~~Javisst. Vill du ha en femhundralapp eller bara hundralappar?~~

Ja, vi har ett ledigt rum. Hur var namnet? Hej, har ni ett enkelrum den 3 juli?

På växlingskontoret/banken

– Hej, kan jag växla 100 euro till kronor?

– Javisst. Vill du ha en femhundralapp eller bara hundralappar?

– Hundralappar blir bra

I tobaksaffären

– Hei kan jag få ett frimärke för brev till Kanada?

– Javisst. varsågod. Det blir tio kronor

I hotellreceptionen

– Hej har ni ett enkeltrum den 3 Juli?
– Ett ögenblick ska vi se. Hur många nätter?
– Två
– Ja vi har ett ledigt rum. Hur var namnet?
– Heinz

På järnvägsstationen

– Vilken tid gå tåget till Malmö
– Det går om feem minuter.
– Oj då!

ORDNINGSTAL			
1:a	första	6:e	sjätte
2:a	andra	7:e	sjunde
3:e	tredje	8:e	åttonde
4:e	fjärde	9:e	nionde
5:e	femte	10:e	tionde

MÅNADERNA	
januari	juli
februari	augusti
mars	september
april	oktober
maj	november
juni	december

Fler ordningstal, se s 223 i Minigrammatiken.

8

A Läs dialogerna.

– När fyller du år?
– Den 18 juli.
– Vad kul, det gör jag också!

– Vad är det för datum i dag?
– Den 7 december.

B Säg månaderna baklänges: december, november …

C Säg ordningstalen baklänges från trettioförsta:
trettioförsta, trettionde …

D Fråga varandra.
Vad är det för datum i dag?
När fyller du/dina barn/din man/sambo/pappa år?
När är Sveriges nationaldag?
När är ditt lands nationaldag?
När börjar din semester? Osv.

Ö s 61

Jag borde sluta röka

På en restaurang

John: Får man röka här?
Pia: Nej, man får inte röka på några restauranger eller kaféer i Sverige längre. Det är bra, tycker jag. Men om du måste röka får du gå ut.
John: Nej, usch. Det är så kallt. Och jag borde faktiskt sluta röka. Ska vi betala? Måste man ge dricks på restauranger i Sverige, förresten?
Pia: Nej, man behöver inte ge dricks, men man brukar lämna lite extra om servicen är bra.

Får man röka här?
Man behöver inte ge dricks.
Hinner hon verkligen göra allt?
Jag borde sluta röka.

Fler hjälpverb

9

A Vad borde ni göra? Berätta för varandra.

Exempel:
Jag borde träna mer, ringa farmor, osv.

B Har ni mycket att göra i dag? Vad hinner ni inte göra?

Exempel:
Jag hinner inte ringa farmor.

C Vad behöver ni göra?

Exempel:
Jag behöver köpa en vinterjacka.

D Vad får man inte göra i klassrummet? På bussen?

Exempel:
Man får inte prata i mobiltelefon i klassrummet.

Ö s 62–64

10

Anneli och Sture ska åka på semester.
Lyssna på dialogen och kryssa för rätt alternativ.

1 Vart vill Anneli åka?

☒

☐

☐

2 När ska de åka?

☐ 2 december ☒ 22 december ☐ 2 januari

3 Vad kostar resan som de bokar?

☐ 6 200:– ☒ 8 700:– ☐ 11 200:–

4 Hur länge ska de vara borta?

☒ en vecka ☐ två veckor ☐ 10 dagar

5 Hur bokar de resan?

☐ på resebyrån ☒ på datorn ☐ på telefonen

11

A Du och din partner ska resa på semester tillsammans. Titta på bilderna och diskutera olika idéer.

Vart ska ni resa?

Vad ska ni göra på semestern?

Hur ska ni bo?

Ska vi åka till ... och ... ?	POSITIV Ja, vilken bra idé! Ja, det låter kul! INTE SÅ POSITIV Nja, jag vet inte. Det är så ... där. Kan vi inte åka till ... i stället? Ja, kanske. Eller vi kan... Tja, varför inte?
Hur ska vi bo? Jag skulle vilja bo på hotell.	Hotell? Det kostar så mycket. Kan vi inte ... i stället?

B Berätta för de andra om er resa.

Till sist s 65

Studietips

Sätt in nya ord i ett sammanhang.
Skapa associationer.

9 1

A Välj ord ur rutan och skriv dem vid rätt bild.

~~åker båt~~	åker bil	åker tåg	~~går~~	~~åker buss~~
~~åker taxi~~	åker spårvagn	~~flyger~~	~~åker tunnelbana~~	~~cyklar~~

1 

åker tåg

6 

åker bil / jag köra

2 

går

7 

åker buss

3 

S-Bahn - pendeltåg

åker spårvagn

8 

flyger

4 

cyklar

9 

åker taxi

5 

åker båt

10 

åker tunnelbana

B Hur kommer de till jobbet? Kryssa för rätt alternativ.

1 ☐ går ☐ cyklar ☐ åker bil ☒ åker tunnelbana ☐ åker tåg
☐ flyger ☐ åker taxi ☒ åker buss ☐ åker spårvagn ☐ åker båt

2 ☐ går ☒ cyklar ☐ åker bil ☐ åker tunnelbana ☒ åker tåg
☐ flyger ☐ åker taxi ☐ åker buss ☐ åker spårvagn ☐ åker båt

3 ☐ går ☐ cyklar ☒ åker bil ☐ åker tunnelbana ☐ åker tåg
☐ flyger ☐ åker taxi ☐ åker buss ☐ åker spårvagn ☐ åker båt

4 ☒ går ☐ cyklar ☐ åker bil ☐ åker tunnelbana ☐ åker tåg
☒ flyger (☒ åker taxi) ☐ åker buss ☐ åker spårvagn ☐ åker båt

5 ☒ går ☒ cyklar ☐ åker bil ☐ åker tunnelbana ☐ åker tåg
☐ flyger ☐ åker taxi ☐ åker buss ☐ åker spårvagn ☒ åker båt

C Lyssna igen.

1 a Vad gör han på tunnelbanan? lyssna musik, läser
b Vilken buss tar han? 3 / tre

2 a Varför blir han stressad ibland? tåget är försenat (tåg är försenad)
b Vad har han för yrke? Ekonom på stårfirma

3 a Hur lång tid tar bilresan? 10 minuter
b Hur börjar de dagen på hotellet? dricker kaffe, äter bulle

4 a Hur många dagar arbetar han? 10 dager
b Hur många dagar är han ledig? 5 dar

5 a Var bor hon? på en ö → skärgården
b När börjar hon jobba? halv nio

D Hur kommer du till kursen och/eller jobbet?

Hur kommer jag till Moderna museet?

John bor hos sin kompis Pia vid S:t Eriksplan. I dag ska han till Moderna museet. Hur ska han komma dit? Han frågar Pia.

John: Du Pia, hur kommer jag till Moderna museet?

Pia: Hmm. Du kan åka tunnelbana till T-Centralen och byta till buss 65 som går till Moderna museet.

John: Okej. Men jag vill se staden. I tunnelbanan ser man ingenting.

Pia: I så fall kan du gå till Moderna museet. Det tar en timme ungefär. Då ser du stan och får lite motion också.

John: Nja, jag tar nog tunnelbanan. Så mycket motion vill jag inte ha.

Pia: Nej, jag förstår. Ha det så skoj. Vi hörs!

Buss 65 som **går** till Moderna museet.
Du kan **gå** till Moderna museet.

går

Du kan **åka** tunnelbana.
Renate **åker** till Sverige varje sommar.

åker

Jag ~~går~~ till Amerika.

2

A Skriv en lista på olika platser i staden ni är i.

B Fråga varandra: Hur kommer jag till …?

Ö s 67–68

Ett sms

lagom ~ genau richtig

Så

Pia skriver sms till John.

Ska vi ses efter jobbet?
En fika eller en öl?
/Pia

rumhängen

Ja gärna.
I Gamla stan? Var? När?
/John

På uteserveringen
på Stortorget om en timme?
17.00 alltså.

Kanon!

om en timme

Preposition:
framtid

3

Fråga varandra.

När har vi rast? När slutar vi? När har du semester?
När ska du äta lunch/middag? Osv.

Ö s 68–69

i Gamla stan

på uteserveringen på Stortorget

PREPOSITION
"i" och "på"

Ö s 70

4

Ursäkta, var ligger Stortorget?

John går från Moderna museet till Stortorget. Han går förbi Nationalmuseum och Grand hotell och kommer till Slottet. Han stannar och tittar på kartan. Hur ska han komma till Stortorget? Han frågar en man på gatan.

– Ursäkta. Kan du hjälpa mig? Hur kommer jag till Stortorget?

– Gå rakt fram och ta andra gatan till vänster. Gå ungefär 100 meter och ta sedan första gatan till höger. Gå sedan rakt fram.

Väg ___1___

A Kombinera dialogerna med vägarna 2, 3 och 4 på kartan.

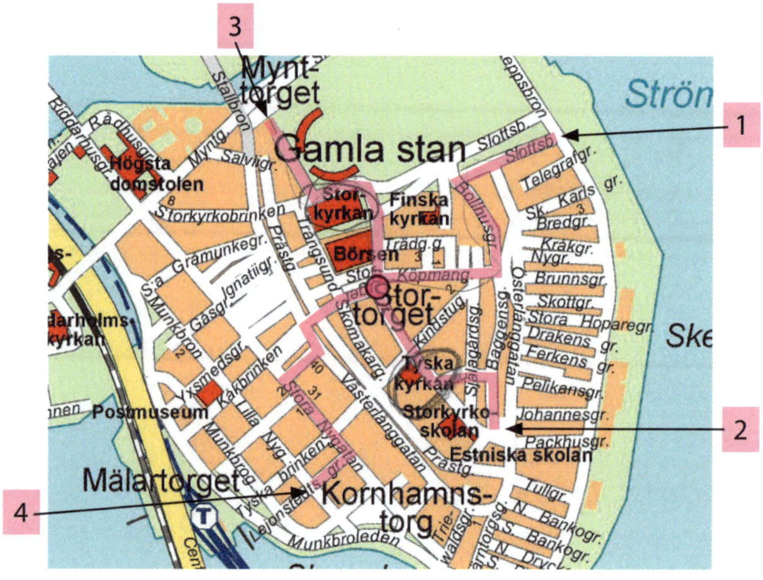

1

– Förlåt mig. Var ligger Stortorget?
– Du tar första till vänster och sedan andra till höger.
Sedan första till vänster och första till höger igen.
Det är lite komplicerat, men lycka till!
– Tack.
– Det var så lite.

Väg 4

2

– Ursäkta. Hur kommer jag till Stortorget?
– Gå gatan rakt fram och ta vänster vid Storkyrkan.
Ta sedan höger direkt efter kyrkan.
Gå sedan rakt fram så kommer du till Stortorget.
– Tusen tack!
– För all del.

Väg 3

3

– Förlåt mig. Var ligger Stortorget?
– Du tar första tvärgatan till vänster.
Vid korsningen tar du till höger och sedan går du förbi Tyska kyrkan.
Du går rakt fram så kommer du till Stortorget.
– Tack så mycket.
– Ingen orsak.

Väg 2

B Fråga varandra om vägen till olika platser i er stad.
Använd fraserna här ovanför i era dialoger.

Ö s 71–72

Hej, det är John

John ringer till Ulrika, en svensk kompis från Internet.

Ulrika: Det är Ulrika.
John: Hej Ulrika, det är John, John från Internet.
Ulrika: Hej John. Vad kul! Är du i Stockholm nu?
John: Ja, det är jag. Jag vill gärna träffa dig.
Ulrika: Ja, absolut. I dag?
John: Hmm. Jag ska träffa Pia. Jag bor hos henne.
Ulrika: När ska du träffa henne, då?
John: Klockan fem i Gamla stan.
Ulrika: Okej, vill du träffas senare? Jag och min pojkvän äter klockan sju ungefär. Kan du inte komma hem till oss?
John: Jo, vad trevligt! Jag kommer gärna hem till er. Var bor ni?
Ulrika: På Hornsgatan 58, vid Mariatorget.
John: Bra. Ska jag ta med mig något?
Ulrika: Nej, det behövs inte.
John: Bra, då ses vi.

Jag vill gärna träffa dig.
När ska du träffa henne?
Du får gärna komma hem till oss.
Jag kommer gärna hem till er.

Objektspronomen

PERSONLIGA PRONOMEN

Subjektsform	*Objektsform*	*Subjektsform*	*Objektsform*
jag	mig [mejjj]	vi	oss
du	dig [dejjj]	ni	er
han	honom	de [dommm]	dem [dommm]
hon	henne		

5

A Skriv en dialog med orden ur rutan.

träffa	ringa	roligt	tyvärr	komma hem till	sjuk

B Läs upp dialogen för de andra.

Ö s 72–74

Till Utö

John vill åka till Utö i skärgården. Men hur kommer man dit? Pia tittar på Internet. Hon söker på ”Utö” och ”tidtabell”. Hon hittar en tidtabell. John sover så Pia skriver en lapp till honom.

> John!
>
> Så här åker du till Utö. Pendeltåget går 10.22 från Centralen mot Nynäshamn. Du åker till Västerhaninge. Där byter du till buss 846 som går 10.58. Du går av vid Årsta brygga. Där går båten 11.15. Båten är framme på Utö 11.50. Det går flera båtar tillbaka men den sista går 18.30. Missa inte den;-).
>
> Kram Pia

6

Skriv ett meddelande till en kompis.
Hur ska han eller hon åka till Drottningholm?

> **Drottningholm**
>
> Från T-Centralen 10:59 grön linje mot: Hässelby strand
> Till Brommaplan 11:17 Från Brommaplan 11:25
> buss 316 mot: Stenhamra
> Till Drottningholm ca 11:29

Till sist s 75

10 Konstigt i Sverige

För svenskar är det mesta i Sverige normalt. Men vad tycker utlänningar?
Studenttidningen har intervjuat några utbytesstudenter i Sverige.
En fråga var: ”Tycker du att något är konstigt i Sverige?”
Här är några av svaren.

För mig är en mil 1 610 meter, men här i Sverige är en mil 10 kilometer. Och alla pratar i mil. Till exempel: Hur långt är det till Stockholm? 7 mil. Det är konstigt, tycker jag.

Ryan Dempster, England

I hela världen betyder ✓ ”rätt”, men här betyder det ”fel”. Jättekonstigt!

Wei Li, Kina

Hekto. Det använder inte vi. Vi pratar om gram eller kilo. Varför säger man 6 hekto i stället för 600 gram?

Claudia Schmidt, Österrike

Nästan alla hus på landet är röda trähus. Det är fint, men tänk om det börjar brinna. Hjälp!

Dimitris Sidiropoulos, Grekland

På engelska säger vi "grandmother" och "grandfather". På svenska säger man mormor eller farmor, morfar eller farfar. Då vet man ju om det är mammas eller pappas. Det är konstigt, men ganska praktiskt för man vet alltid vem man pratar om.

Theresa Jones, Australien

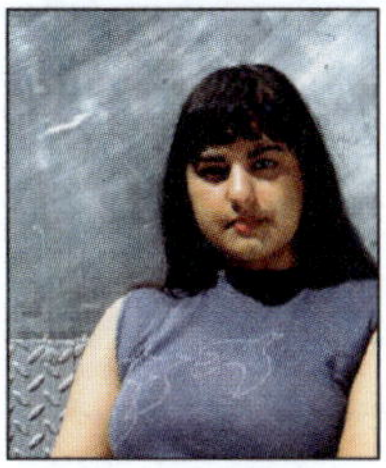

I Sverige äter man marmelad till köttbullar. Och jag har sett att en del äter ketchup till pasta. Det är äckligt!

Carine Villard, Frankrike

Det är inte så många som röker här. Men folk har tobak under läppen i stället. Snus, heter det. Jag har provat det en gång. Usch, det var inte gott!

Dorota Krystow, Polen

Ibland drar svenskar in luft och gör ett konstigt ljud i stället för att säga "ja". Först trodde jag att de hade astma.

Kaspars Rainirs, Lettland

I juni var jag uppe i Kiruna och spelade midnattsgolf. Solen sken klockan tolv på natten! Jättekonstigt!

Hans Bast, Nederländerna

1

A Vad tycker ni är konstigt/intressant/kul i Sverige? Gör en lista.

B Berätta för gruppen bredvid.

Jag tycker att … är konstigt!/ kul/intressant.	Det tycker jag också. Ja, verkligen! Tycker du? Jaha, hur är det i … då?

2

A Vad vet ni om Sverige? Gör en lista.

B Skriv listorna på tavlan och prata om Sverige i hela gruppen.

Sverige

Sverige ligger på den Skandinaviska halvön i norra Europa. En stor del av Sverige, cirka en sjättedel, ligger ovanför polcirkeln.

Sverige, Norge och Danmark brukar man kalla Skandinavien. De skandinaviska länderna samt Finland och Island kallar man Norden.

Sverige har landgränser mot Norge och Finland men inte mot Danmark. Mellan Danmark och Sverige ligger Öresund. I mer än hundra år diskuterade man en bro mellan de två länderna. Men det fanns många problem. På 1950-talet till exempel hade Sverige vänstertrafik och Danmark högertrafik. 1991 kom de svenska och danska regeringarna till slut överens om en bro- och tunnelförbindelse. Den 1 juli 2000 öppnade man Öresundsbron som binder ihop Sverige och Danmark. Nu är det många svenskar som jobbar i Danmark och tvärtom.

Sverige är ett stort land till ytan. I Europa är det bara Ryssland, Ukraina, Frankrike och Spanien som är större. Men i Sverige bor bara lite mer än nio miljoner invånare. Av dem bor nästan 90 % i de sydligare delarna av landet. En stor del av Sverige är alltså obebott.

I Norrland finns stora naturresurser: skog, vattenkraft och malm. Mer än hälften av Sveriges yta består av skog. Det är bara en liten del, 8 %, av landets yta som är odlad.

Vänster eller höger?

Sverige har en fantastisk natur. I norr dominerar berg, fjäll och skogar men i söder är landskapet platt. Man är aldrig speciellt långt ifrån vatten. Kustlinjen är lång och det finns mer än 100 000 sjöar.

För Sverige är exporten mycket viktig. Man har stor exportindustri, men även annan export, musik till exempel. Sverige var den tredje största musikexporterande nationen efter USA och Storbritannien år 2002. Flera världsberömda artister och grupper är svenska, men många vet inte det, för de sjunger på engelska.

(Källor: Svenska Institutet, Svenska Dagbladet, Wikipedia)

C En person ställer frågorna och den andra svarar men tittar inte i boken.

1 Vilka länder hör till Skandinavien?
2 Vad är Norden?
3 Vad heter bron mellan Sverige och Danmark?
4 Vad hade man för problem när man planerade Öresundsbron?
5 När öppnade man bron?
6 Vilka länder i Europa är större till ytan än Sverige?

7 Hur många invånare har Sverige?
8 Var bor de flesta (majoriteten)?
9 Vad har Sverige för naturresurser?
10 Hur är landskapet i norr?
11 Hur är landskapet i söder?
12 Hur många sjöar finns det i Sverige?
13 Vilka artister från Sverige känner du till?

s 77–78

3

A Fyll i listan på s 101. Använd fakta ur rutan.

Fakta om Sverige

21,9 invånare/kvadratkilometer
310 miljarder dollar
449 964 kvadratkilometer (km²)
46
6 juni
Gotland
svenska
9 100 000
Carl XVI Gustaf

Göteborg
Kebnekaise, 2 113 meter
Klarälven-Göta älv
konstitutionell monarki
samiska, finska, tornedalsfinska, romani chib och jiddisch
Stockholm
svensk krona (SEK)
Vänern

(Källa: Wikipedia, 2006)

Huvudstad: Stockholm

Andra största stad: Göteborg

Officiellt språk: svenska*

Officiella minoritetsspråk: samiska, finska, tornedalfinska, ...

Statsskick: konstitutionell monarki

Regent: Carl XVI Gustaf

Yta: 449 964 km²

Befolkning: 9 100 000

Befolkningstäthet: 21,9 invånare/kvadratkilometer

Valuta: svensk krone (SEK)

Största sjö: Vänern

Största ö: Gotland

Längsta flod: Klarälven-Göta älv

Högsta berg: Kebnekaise, 2 113 meter

Landsnummer: 46

Nationaldag: 6 juni

Bruttonationalprodukt (BNP): 310 miljarder dollar

* Sverige har inget officiellt språk men svenska fungerar som det officiella språket.

B Skriv en enkel text om ditt land. Du kan berätta lite om geografi, språk, religion, kultur, mat, sport osv. Texten måste vara lätt så att de andra förstår.

C Öva att prata om ditt land.

D Berätta för de andra i gruppen om ditt land.

4

A Här är en lista över de vanligaste för- och efternamnen i Sverige 2005 (SCB, 2005). Skriv hur många som heter namnet. (Alla har inte namnet som tilltalsnamn.)

KVINNONAMN		MANSNAMN	
1 Maria	449 005	1 Erik	383 731
2 Anna	311 196	2 Lars	244 283
3 Margareta	264 963	3 Karl	272 819
4 Elisabeth	195 415	4 Anders	194 852
5 Eva	194 654	5 Per	175 396

EFTERNAMN

1 Johansson	276 131	4 Nilsson	184 987
2 Andersson	273 669	5 Eriksson	147 485
3 Karlsson	211086		

B Här är en lista på de vanligaste förnamnen på de barn som föddes 2005 (SCB, 2005). Skriv namnen du hör.

FLICKNAMN	POJKNAMN
1 Emma	1 Oskar
2 Maja	2 William
3 Julia	3 Lucas

4 Alice	4 Philipp
5 Ida	5 Isaac
6 Linea	6 Elias
7 Elin	7 Alexander
8 Alva	8 Emil
9 Hanna	9 Hugo
10 Ella	10 Viktor
Nia	Liam

Ö s 78–80

SCB

Statiskika Centralbyrån

Studietips

Repetera ofta. Du glömmer 80% av det du lärt dig inom 24 timmar om du inte repeterar.
Repetera en gång efter 10 minuter, efter en dag, efter två dagar, efter en vecka och en månad.
Studera *ofta* i korta pass, inte *sällan* i långa pass.
Det är bättre att läsa en timme varje dag än att läsa sju timmar en dag i veckan.

11 1

A Hur kan man göra för att träffa en partner?
Prata med varandra och skriv sedan en lista med idéer.

B Presentera er lista för de andra i klassen.

C Diskutera de olika alternativen.

Anna, 34 år

Anna är trött på att vara ensam. Hon har haft pojkvänner, men hon har aldrig varit sambo. Hennes vänner har presenterat henne för olika singlar, men ingen har varit i Annas stil. Förut gick hon ut på krogen med tjejkompisar, men nu har alla man och barn och sitter hemma på helgerna. Tråkigt, tycker Anna!

Så, hur gör man? Alla har olika idéer. En kompis sa att Anna borde köpa en hund. Då kan man träffa en massa intressanta personer, sa han. Anna lånade en hund och gick ut med den i parken. Det var faktiskt ett par personer som började prata med henne, en dam i 70-årsåldern, två skolflickor och en grupp dagisbarn. Men ingen snygg man, så där som det brukar vara på film. Så Anna lämnade tillbaka hunden.

Annas mamma sa att Anna borde gå på en kurs. Varför inte en språkkurs? Anna började på en nybörjarkurs i spanska. Tyvärr var det bara pensionärer på kursen. De hade alla hus i Spanien och ville lära sig språket. Anna gick bara på kursen en gång.

Nu prövar Anna nätdejting. Hon fick tipset av en kollega. Anna sitter vid datorn. Hon har lagt in en sida om sig själv och nu läser hon olika svar som hon har fått.

Här finns singlarna

Anza

Stad:
Borås

Söker:
En mysig hemmakväll

Mina besökare:

- Leif
- Adam
- Krister
- Putte

Beskrivning

Jag är en 34-årig singeltjej som har många vänner, en härlig lägenhet mitt i storstan och ett kul jobb men ingen man. På fritiden sitter jag gärna och fikar och diskuterar livet. Men jag är trött på att hänga på krogen!
Jag gillar att köra motorcykel. Min dröm är en tur på motorcykel genom Europa ...
Jag tycker inte om sport och matlagning men jag älskar god mat. Det finns god hämtmat, men det blir tråkigt efter ett tag.
Skriv några rader till mig! Vi kanske kan ses?

Hej Anza!

Jag blev intresserad direkt när jag var inne på din sida. Jag hatar också sport! Jag är 42 år och mellan jobb just nu.
För tillfället bor jag hos mina föräldrar, för mitt ex tog vår lägenhet.
Snälla, hör av dig!

Kramar
Leif

Hej Anza!

Jag är en 44-årig frånskild man. Jag har två barn som bor hos mig varannan vecka. Jag är mycket huslig, jag gillar att laga mat, städa, tvätta och stryka.
Jag är också trött på krogen. Vi kanske kan sitta i ditt eller mitt kök och diskutera livet tillsammans? Jag fixar maten!

Kramisar
Krister

Hej Anza!

Europa? Javisst, varför inte nästa sommar?
Jag har biljetter till tennisfinalen i Wimbledon. Tennis är faktiskt kul, jag lovar!
Jag älskar att laga mat! Jag kan laga fantastiska, orientaliska rätter. Du ska få se!
Tyvärr har jag inte körkort, men jag kan kanske sitta bak på din motorcykel?
Jag vill gärna träffas, vi kanske kan messa* först?

Adam

Hej Anza!

Jag är en 37-årig sporthatare på Gotland. Jag kan inte heller laga mat, men det finns ju korvkiosker ...
Jag har en stor gård med många djur här på Gotland.

Välkommen!
Putte

*** messa = skicka direktmeddelande till varandra på nätet eller i mobilen**

Jag är också trött på krogen.
Jag kan inte heller laga mat.

Också/inte heller

D Vilket mejl ska Anna svara på? Vem passar henne bäst? Varför?

Jag tycker (inte) att Anna ska skriva till … därför att han

är
- huslig
- trevlig
- rolig
- arbetslös
- intresserad
- frånskild
- töntig
- också intresserad av
- inte heller intresserad av

kan/kan inte heller

POSITIV
Det tycker jag också./Det tycker inte jag heller.
Ja, han är perfekt!
Absolut!
Javisst!
Jag håller med.

NEGATIV
Nja, jag vet inte./Nja, kanske.
Va! Tycker du? Nej, det tycker inte jag.

NYTT FÖRSLAG
Kan hon inte skriva till … i stället?
Eller …?

Ö s 81

2

A Skriv ett svar från Anna till en av männen.

B Läs upp ert svar för de andra i klassen.

C De här personerna behöver hjälp att presentera sig på en dejtingsajt. Välj en av dem och skriv om honom/henne.

Rune Holmberg, 62, elektriker

Pepe Vásquez, 41, läkare

Sanna Larsson, 27, frisör

Exempel:

Jag är en attraktiv man/kvinna i medelåldern som ...

D Byt text med paret bredvid. Skriv svar på deras annons.

3

Repetera substantivets former

A Stryk under de 15 första substantiven du kan hitta i texten om Anna på s 104.

B Vilken form står substantiven i, singular obestämd eller bestämd form eller plural, obestämd eller bestämd form? Behöver du repetera reglerna? Se s 233 i Minigrammatiken.

C Skriv en lista med de fyra formerna för varje substantiv.

Exempel:

SINGULAR		PLURAL	
obestämd form	bestämd form	obestämd form	bestämd form
en pojkvän	pojkvännen	pojkvänner	pojkvännerna
en singel	singeln	singlar	singlarna

Ö s 81–85

Snabel-a?

Brian: Lisa, vad har du för e-postadress?
Lisa: lisa punkt aronsson snabel-a itek punkt se
Brian: Vad är snabel-a för något?
Lisa: Det är samma sak som ”at”.
Brian: Jaha! Hur stavar man Aronsson?
Lisa: a-r-o-n-s-s-o-n

Hur stavar **man** Aronsson?
Hur gör **man** om **man** vill träffa en partner?

INDEFINIT PRONOMEN
man

4

A Vad har personerna för e-postadress?

1 annika.holmgren@hotmail.com
2 sebastian.viklund.@telia.com
3 mirjam. lindmark@kit .se
4 yngve. thelander@pp.se
5 tage. blinder@mbox.se

B Fråga varandra: Vad har du för e-postadress? Diktera för varandra.

5

A Välj ord ur rutan och skriv dem vid rätt bild.

ett tangentbord · ett utropstecken · en mus · ett frågetecken · en sladd · en mapp · ett snabel-a · en punkt · en skärm · fet stil · ett understreck · ett snedstreck · kursiv stil · ett bindestreck

1 en skärm

2 en sladd

3 ett tangentbord

4 en mus

!	5 en utropstecken	_	10 ett understreck
@	6 ett snabel-a	*T*	11 Kursiv stil
?	7 ett frågetecken	-	12 ett bindestreck
.	8 en punkt	/	13 ett snedstreck
T	9 fet stil	(mapp)	14 en mapp

: kolon ; semikolon

B Vad heter orden på ditt språk?

spara (1)	speichern	ladda ner (1)	herunterladen
bifoga (1)	beifügen / anhängen	ångra (1)	rückgängig machen
skriva ut *	drucken	markera (1)	markieren
kopiera (1)	kopieren	klippa ut (2b)	ausschneiden
infoga (1) (symbol, tabell)	einfügen	klistra in (1)	einfügen
sätta på *	einschalten	logga in (1)	einloggen
stänga av (2a)	ausschalten	ett lösenord	Passwort
klicka (1)	klicken	ett användarnamn	Benutzername

Stor bokstav → stort (a)
lite bokstav → litet (b)

6

Läs texten om Anders och Renate.
Anders instruktioner har kommit i fel ordning. Sortera dem.
Du får hjälp med nummer 1.

Anders, hjälp!

Renate är inte så bra på datorer. Hon har skrivit ett brev på datorn och nu vill hon skicka det till en vän i Tyskland. Hon behöver hjälp, så hon frågar Anders som bor i huset bredvid.

Renate: Anders, jag vill skicka det här brevet till min vän.
Den här datorn "pratar" ju svenska och jag förstår inte de här symbolerna. Snälla, kan du hjälpa mig?

Anders: Självklart, det är jättelätt!

5 Sedan klickar du på symbolen för ”bifoga” och letar efter ditt dokument.

8 Så, nu är det klart. Visst var det enkelt?

3 Efter det går du in på din e-postsida.

6 Det ligger här.

7 Dubbelklicka på dokumentet.

1 Först går du in på ”arkiv” och väljer ”spara”.

4 Skriv adressen här.

2 Du måste välja var du ska spara dokumentet, på skrivbordet eller i Mina dokument till exempel.

Renate: Jodå. Men hur skickar jag mejlet?
Anders: Du klickar bara på den här knappen ”skicka”. Lätt som en plätt!
Renate: Okej. Tack för hjälpen!
Anders: Det var så lite.

Studietips

Använd en tvåspråkig ordbok i början.
När du kommer till slutet av Rivstart kan du börja använda en enspråkig ordbok.
Använd en ordbok där orden har grammatisk information, t ex en/ett och verbformer.

den här datorn
det här brevet
de här symbolerna

den där datorn
det där brevet
de där symbolerna

Demonstrativa pronomen + bestämd form av substantivet

7

Skriv demonstrativa pronomen på rätt plats.

1 – Titta på __den här__ tavlan. Visst är den fin?
– Ja, men jag tyckte om __den där__ bilden i förra rummet också.

2 – Jag förstår inte hur __den här__ mobilen fungerar. Kan du hjälpa mig?
– Javisst.

3 – __Den här__ veckan måste jag jobba över varje dag.
– Stackare!

4 – Kan du ge mig __~~den~~ de där__ pennorna som ligger där borta?
– Javisst. Varsågod.

5 – Har du skrivit __det här__?
– Ja. Tycker du att det är bra?

6 – Kom och läs __den här__ mejlet. Det är jätteroligt!
– Jag kommer.

Ö s 85

Till sist s 86

12 En undersökning på nätet

En nättidning frågade 648 personer om mat och restauranger.
Här är resultatet.

Ska du äta på restaurang i helgen?

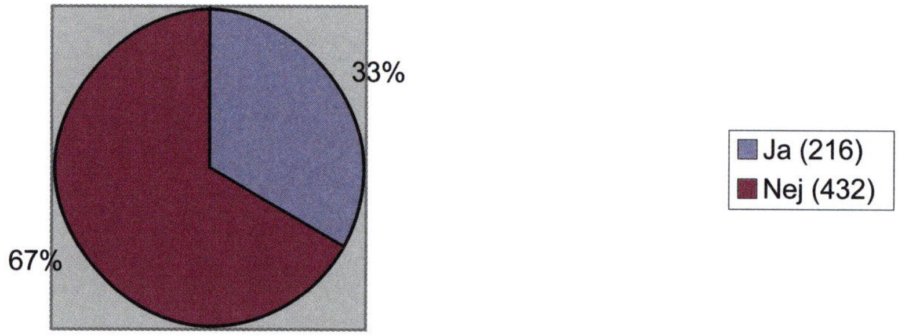

Vad ska du äta i dag?

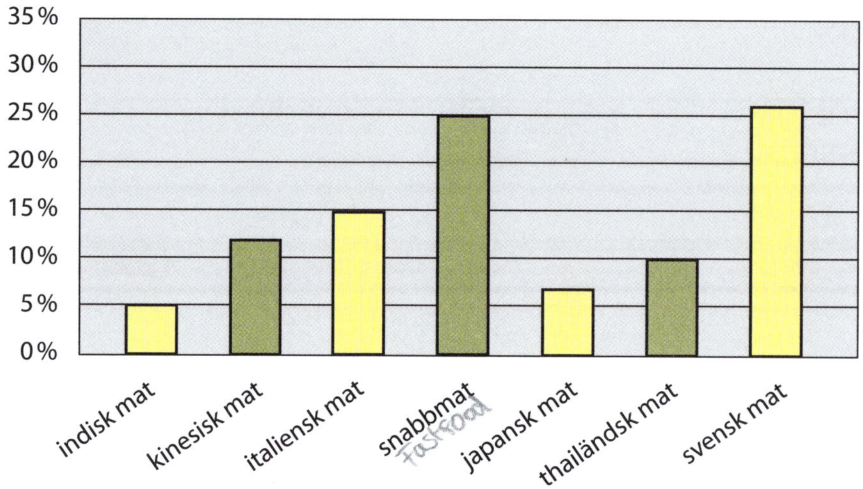

1

A Ska du gå på restaurang? Ska du äta hemma?
Gör en undersökning i gruppen.

Exempel:

NAMN	RESTAURANG? VILKEN?	LAGA MAT HEMMA? VAD?
Maria	Gå på kinesisk restaurang	Nej
Peter	Nej	Laga hamburgare med pommes frites

NÅGRA NATIONALITETSADJEKTIV

afrikansk	italiensk	persisk
amerikansk	japansk	polsk
arabisk	kinesisk	rysk
australiensisk	koreansk	spansk
dansk	kubansk	sydamerikansk
finsk	libanesisk	thailändsk
fransk	nordafrikansk	turkisk
grekisk	norsk	tysk
indisk	nyzeeländsk	ungersk
indonesisk	pakistansk	österrikisk

irländsk
mexikansk
Schwäbisk
bayersk

B Hur många procent ska gå på restaurang?
Hur många procent ska laga middag hemma?

Exempel:

6 personer av 12 ska gå på restaurang.

6/12 = 0,5 (Sex delat med tolv är lika med noll komma fem.)

50 % ska gå på restaurang.

Renates födelsedag

Renate fyller 70 på lördag. Hon vill inte tänka så mycket på det, men hennes barn vill göra något roligt. Ska de gå på restaurang eller på teater? Klaus och Mirja tror att restaurang blir bra, för Renate älskar mat. De har inte sagt något till henne, för det ska bli en överraskning. De vill att det ska bli ett fint minne för mamma, så de planerar mycket.

Ska de gå på restaurang **eller** på teater?
Hon vill inte tänka så mycket på det,
men hennes barn vill göra något roligt.
De har inte sagt något till henne,
för det ska bli en överraskning.
De vill att det ska bli ett fint minne
för mamma, **så** de planerar mycket.

Konjunktioner

Ö s 89–90

2

A Titta på annonserna. Vilken restaurang ska Mirja och Klaus välja?
Renate älskar kött men Klaus och Mirja är vegetarianer.
Och de är studenter så de har inte så mycket pengar.

Exempel:

Jag tycker att … är bra/dåligt för …

Restaurang

VEGODRÖMMAR

Ekologisk, vegetarisk mat i lugn miljö.

Många olika goda fruktjuicer att dricka – ekologiska förstås.

Festmeny

300 kronor per person

Öppettider: 10.00–20.00

RESTAURANG

Lyxlaxen

Svensk modern mat när den är som bäst! Hos oss äter du svenska delikatesser på ett nytt sätt.

”För dig som älskar god mat… och har mycket pengar …!”

RESTAURANGGUIDEN

CHILIPARADISET

Vill du testa dina smaklökar?
Kom till Chiliparadiset
och ät av vår stora buffé.
Pris 150:– per person.
Fullständiga rättigheter!
Specialitet:
chiliöl och chilitequila
Vår mexikanska rockgrupp spelar!
Öppettider: 18.00–01.00
Obs! Ingen bordsbeställning!

B Berätta för paret bredvid.

C Vilken restaurang skulle ni välja att gå på?

3

A Berätta om en bra eller dålig restaurang som du varit på i Sverige eller i ett annat land. Hur var det?

B Berätta för paret bredvid.

Ö s 90–91

På restaurang

KATASTROFKVÄLLEN

Servitören: Välkomna. Hur många är ni?
Mona: Tre stycken.
Servitören: Har ni beställt bord?
Mona: Nej.
Servitören: Då måste ni tyvärr vänta.
Mona: Hur länge?
Servitören: En timme ungefär.

(två timmar senare)

Servitören: Nu har vi ett ledigt bord. Varsågoda. Vill ni ha något att dricka?
Patrik: Ja, en flaska rödvin tack.
Servitören: Det röda är tyvärr slut, men vi har vitt vin.
Patrik: Då tar vi det.
Servitören: Att äta?
Mona: En stekt lax med ris och romsås tack.
Sven: Jag tar biff med bearnaisesås och pommes frites, tack.
Patrik: En vegetarisk lasagne för mig, tack.
Servitören: Ja, tack.

(mycket senare)

Servitören: Varsågoda, en stekt lax med pommes frites och dillsås, en biff med romsås och ris och en fisklasagne.
Mona: Nej, det här har inte vi beställt.
Patrik: Bråka inte nu. Vi äter.

(senare)

Servitören: Smakar det bra?
Mona: Hrmm. Ursäkta … Laxen är inte kokt.
Sven: Biffen är torr.
Patrik: Lasagnen är för salt.
Servitören: Jag är ledsen. Vi bjuder på kaffe på maten.
Sven: Tack. Kan vi få notan.
Servitören: Varsågod.
Mona: Hur mycket dricks ska vi ge?
Patrik: Ingen dricks! Nu går vi.

SUCCÉKVÄLLEN

Servitören: Välkomna. Har ni beställt bord?
Mona: Ja, det har vi.
Servitören: Hur var namnet?
Mona: Malm.
Servitören: Just det. Malm, tre personer klockan 19.00.
Servitören: Vill ni ha något att dricka?
Patrik: Kan du rekommendera något gott vin?
Servitören: Ja, vi har ett chilenskt rödvin som är mycket bra.
Patrik: Det tar vi.

(senare)
Servitören: Har ni bestämt er?
Mona: Ja, jag tar torsk med pepparrotssmör och kokt potatis.
Sven: Hummer för mig tack.
Patrik: Och jag tar oxfilé med kryddsmör och potatisgratäng.
Kräuterbutter

(senare)
Mona: Åh, här kommer maten. Vad snabbt! krydd-Gewürz

(senare)
Servitören: Smakar det bra?
Mona: Ja, jättegott! Torsken var perfekt.
Sven: Och hummern så färsk.
Patrik: Oxfilén var underbar. Kan vi få en flaska vin till, tack.

(senare)
Servitören: Vill ni ha dessert?
Mona: Jag tar glassen.
Patrik: Jag med. Ich auch
Sven: Chokladtårta för mig, tack.

(senare)
Sven: Kan vi betala, tack.
Servitören: Visst. Kort eller kontant?
Sven: Kort.
Mona: Hur mycket dricks ska vi ge?
Sven: Notan är på 2 000 kronor. Ska vi lägga 200 kronor i dricks?
Mona: Nej, mer. Det var så gott!
Sven: Okej, 300 då.

Seafood - Skaldjur

4

A Gör en restaurangmeny med förrätt, huvudrätt och efterrätt och skriv upp den på tavlan.
B Möblera klassrummet som en restaurang.
C Välj några personer som kan vara servitörer/servitriser och gå på restaurang!

RESTAURANGGÄSTEN	SERVITÖREN/SERVITRISEN
	Har ni bestämt er?
Kan vi få beställa?	Javisst.
Kan du rekommendera något?	Ja, … är …
Jag tar en … Jag skulle vilja ha … Kan jag få … En …, tack.	Ja, tack. Den/det är tyvärr slut.
	Varsågoda. Här är en … Och en …
	Smakade det bra?
Ja, det var jättegott. Nja, … var … Kan vi betala? Kan vi få notan?	Javisst. Ett ögonblick.

D Skriv en restaurangdialog.

Ö s 92–93

5

A Var är de? Skriv rätt bokstav efter varje dialog.

1 e
2 a
3 d
4 b
5 c

- a på en lyxrestaurang
- b på en thailändsk lunchrestaurang
- c på en svensk pizzeria
- d på en snabbmatsrestaurang
- e på ett kafé

Ö s 94

B Lyssna igen. Svara på frågorna.

1 Vad äter han? ______________________

2 Vilken mat pratar de om? Kryssa för rätt alternativ.

- [x] äpple
- [ ] biff
- [ ] banan
- [x] potatis
- [x] paprika
- [ ] ris
- [x] lax

3 Vad kostar menyn? ______________________

4 Varför tar han inte kycklingsoppa? ______________________

5 Vilken pizza tar han? ______________________

Svensk mat

I varje svensk liten stad finns tre restauranger: en pizzeria, en kebabkiosk och en kinesisk restaurang. Det är svensk vardagsmat. Vad är traditionell svensk mat? Jo, saker som kan växa i Sverige och djur som kan leva här. Sverige är ett ganska kallt land så variationen är inte så stor.

6

A Kombinera och dra streck.

1 potatis	a vete, havre, … och korn är svenska sädesslag
2 råg	b ett djur i skogen
3 älg	c blåbär, … … är bär
4 sill och lax	d morötter, palsternacka och … är rotfrukter
5 jordgubbar och hjortron	e fiskar

Potatis

Potatisen är basen i svensk mat och många svenskar äter potatis varje dag. Potatisen kom till Sverige på 1700-talet, men man började äta den på 1800-talet. På sommaren finns färskpotatis som är extra god.

Råg

Rågen är ett sädesslag som kan växa i kallt klimat. Vi blandar rågen med vatten och salt och gör tunna, hårda bröd, som heter knäckebröd.

Älg

Älgen är det största djuret i Sverige och kallas skogens kung. Älgen är släkt med kon. På hösten jagar vi älg. Många tycker köttet är gott. Det smakar skog, säger de.

Sill

Sillen är en fisk som lever på ost- och västkusten. På ostkusten heter den strömming. Sillen äter vi ofta inlagd i ättika (svensk vinäger), salt och socker. Strömmingen äter vi ofta stekt med potatismos. Rökt strömming heter böckling.

Lax

Laxen är en stor fisk som lever både i floder och hav. Nu finns inte så mycket vild lax så vi äter ofta odlad lax från Norge. Lax är festmat för många svenskar. Vi äter ofta laxen gravad, dvs rå med socker, salt och dill.

Jordgubbar

Från juni till augusti är det jordgubbsfeber i Sverige. Då kommer de svenska jordgubbarna. De svenska är godare än de importerade och många tycker att det är viktigt att jordgubbarna är svenska. Vi köper jordgubbar på torget och i mataffären, eller åker och plockar själva på ”självplock”.

Hjortron

I norra Sverige kan du hitta hjortron, om du har tur. Det är gula bär med en lite speciell smak. En vanlig svensk dessert är glass med varm hjortronsylt. Hjortron kallas Norrlands guld.

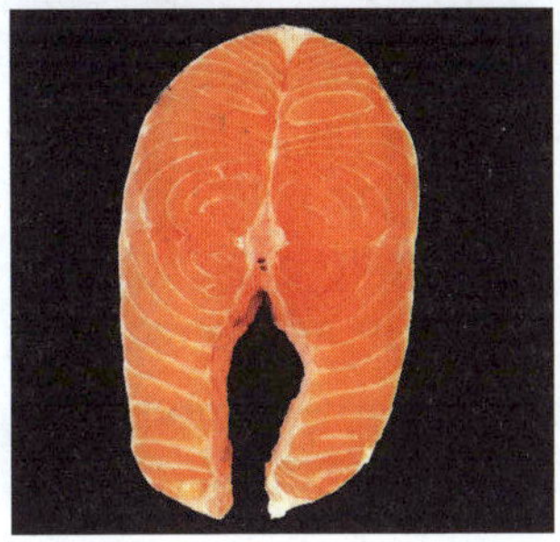

Moltebeere

B Välj en eller två bilder från texten Svensk mat och berätta om den eller dem för varandra.

C Har ni ätit någon svensk mat? Vad tyckte ni? Berätta för varandra.

7

A Vad äter man i olika länder?

BERÄTTA	SVARA
Vi äter mycket/lite …	Jaha./Nähä.
Vi äter inte mycket …	Det gör vi också./ Det gör inte vi heller.
I … äter vi mycket/lite …	Det låter gott./ Hmm. Det låter inte så gott.
Vi äter sällan/ofta/alltid … Ibland äter vi …	

B Skriv en kort text om maten i ditt land.

Till sist s 95

13 Vad vill du bli när du blir stor?

Tidningen Aftonposten frågade barnen i en skolklass i Göteborg: ”Vad vill du bli när du blir stor?” Här är några av svaren:

Leyla, 7 år

Jag älskar att flyga, så jag vill bli pilot. Men jag tycker om djur också, så jag ska kanske bli veterinär.

Mehmet, 7 år

Jag ska bli kändis, popsångare eller skådespelare, som Brad Pitt. Eller kanske mikrobiolog, för det är min mamma.

Caroline, 7 år

Jag vill bli programledare. Eller en sån där som pratar om vädret i teve.

Oscar, 7,5 år

Jag vet precis, fotbollsproffs! Men pappa vill kanske inte det. Han är advokat.

1

A Vad ville du bli när du var liten? Varför? Berätta för de andra i gruppen.

B Skriv på ett papper vad alla i gruppen ville bli. Skriv inga namn.

C Läs sedan upp listan för gruppen bredvid. Till exempel: ”polis, modell, läkare”.

D Den andra gruppen gissar vem som drömde om vad. Till exempel: ”Vi tror att Elena ville bli polis.”

E Ge respons. Till exempel: ”Ja, det stämmer.”/”Nej, det är fel.”

Fatoush, mikrobiolog

Fatoush har bott i Sverige i åtta år. Hon har en svensk man som heter Tomas. De har varit gifta i tolv år. De flyttade till Sverige när Fatoush fick ett toppjobb på ett läkemedelsföretag i Göteborg. Hon är mikrobiolog och har doktorerat på bakterier. Hon älskar att studera bakterier!

Fatoush och Tomas har två barn, en son som är sju år och en dotter som är fem. Tomas är översättare. Det är bra, för han kan jobba hemifrån. Han tar hand om allt hemma. Fatoush jobbar ofta över så hon hinner inte göra så mycket av hushållsarbetet.

På helgerna är hon alltid ledig i alla fall. På sommaren brukar Tomas och hon spela golf. Ibland seglar hela familjen. På vintern åker de skidor.

Den här veckan har varit extra stressig för Fatoush. I går till exempel försov hon sig och bilen startade inte. Ett par kinesiska affärsmän väntade på henne, så hon måste ta en taxi. De hade ett frukostmöte på hotell Aveny i stan. Fatoush presenterade nya, intressanta idéer för kineserna. Hon hade mycket att göra på jobbet sedan, så hon köpte sushi som hon åt på kontoret.

På eftermiddagen besökte hon labbet och kontrollerade arbetet där. Hon lämnade jobbet prick fem och åkte till en bra restaurang och köpte hämtmat för sex personer, majskycklingfiléer och risotto. Klockan halv sju skulle deras middagsgäster komma. Fatoush skyndade sig, för hon vet att svenskar är mycket punktliga.

Klockan var sex när hon kom hem. Hon tog en snabb dusch och Tomas dukade. På sekunden halv sju ringde de första gästerna på dörren. Samtidigt ringde telefonen. Det var från huvudkontoret i Genève. Fatoushs chef sa att de måste ha en mycket viktig telefonkonferens. Ibland är det hårt att ligga på topp!

2

A Skriv 8–10 frågor till texten om Fatoush.

B Fråga paret bredvid. De svarar men tittar inte i texten.

C Byt roller.

Ö s 97

3

Filip arbetar som steward och så här var hans dag i går.

A Titta på bilderna och berätta om Filips arbetsdag i går.

fika (1) · en pilot · skratta (1) lachen · (en) kinamat · en flygvärdinna · servera (1) · en flygplats · lägga sig (*) · landa (1) · ett plan

Exempel:

I går vaknade Filip klockan sex. Han var mycket trött.
Han gick upp och åt …

B Skriv en text om Filips arbetsdag.

C Berätta om en speciell dag på ditt jobb. Använd preteritum.
Jobbar du inte nu? Berätta om ett jobb du har haft eller en dag i skolan/på universitetet.

D Skriv ner din berättelse.

Den här veckan har varit extra stressig för Fatoush.

Den här veckan
= nutidsadverb

I går till exempel försov hon sig.

I går = dåtidsadverb

4

A Nutids- eller dåtidsadverb? Kryssa för rätt alternativ.

	NUTID	DÅTID		NUTID	DÅTID
i dag	☒	☐	i år	☒	☐
i morse heute früh	☐	☒	i förrgår	☐	☒
förra året	☐	☒	i går kväll	☐	☒
den här månaden	☒	☐	den här veckan	☒	☐
för fem minuter sedan	☐	☒	i fredags letzten Fr. ≠ på fredagerna	☐	☒

B Ställ en fråga till varandra med varje tidsuttryck.
Använd presens perfekt eller preteritum.

Exempel:

A: Vad har du gjort i dag? B: Jag har …

B: Vad åt du till frukost i morse? A: Jag åt …

C Skriv en eller två meningar med varje tidsuttryck.

Exempel:

I dag har jag druckit tre koppar kaffe.
I morse vaknade jag klockan fem.

Hon **har doktorerat** på bakterier.

Tiden är inte intressant

Fatoush **har bott** i Sverige i åtta år.
= Fatoush bor i Sverige.

De **har varit** gifta i tolv år.
= De är gifta.

Tiden är inte slut

Fatoush har bott i Sverige i åtta år.
De har varit gifta i tolv år.

Hur länge …?

D Fråga varandra.
Hur länge har du läst svenska/bott i …/arbetat på …/varit gift/rökt? osv.

Ö s 97–99

Klockan var sex när Fatoush kom hem.
Tomas tar hand om allt hemma.

DESTINATION Bewegung (gå, cykla, åka …)	POSITION (vara, bo, sitta …)
hem	hemma
hit	här
dit	där
in	inne
ut raus	ute nach draußen

5

Välj rätt ord.

hem hemma

1 Vilken tid kom du hem i går?

dit där

2 Där bor Alfred och hans bror.
Ska vi gå dit och hälsa på?

hem hemma	3 Vill du äta middag hemma hos mig i kväll?
ut ute	4 Serge äter lunch ute varje dag.
hit här	5 Snälla, kan du komma hit ett ögonblick?

Ö s 99–100

6

Titta på yrkena i rutan. Berätta för varandra vad de olika personerna gör.

LEDIGA JOBB

trädgårdsmästare (Gärtner) · guide · aerobicsinstruktör · tennislärare · sjuksköterska (Krankenschw.) · snickare (Schreiner) · taxichaufför · målare · bröllopsfotograf (Hochzeitsfotograf) · barnvakt (Babysitter) · datasupporter · bilmekaniker · arkitekt · simlärare (Schwimmlehrer)

Exempel:

En trädgårdsmästare planterar blommor.

7

A Läs om Carina, Lasse, Inger och Ola som söker jobb.

köra – selber fahren
åka – gefahren werden

Carina är 22 år. Hon har inte läst på universitetet, men hon har rest mycket och kan tala flera språk. Hon tycker om att träffa människor. Hon har körkort.

Lasse är 34 år. Han är mycket praktisk och kan reparera bilar och fixa elektroniska apparater. Många säger att han har "gröna fingrar" för han är så duktig med blommor.

Inger är 20 år. Hon studerar litteraturvetenskap på universitetet. Nu vill hon ha ett extrajobb, för hon behöver pengar. Hon kan mycket om datorer och hon är duktig på att fotografera med digitalkamera.

Ola är 57 år. Han har jobbat som idrottslärare i skolan i många år. Nu är han trött på att arbeta med barn och vill pröva något annat. Han gillar naturligtvis sport, men han är också mycket händig.

B Titta på yrkena i rutan på s 130. Vilket eller vilka jobb skulle vara bra för Carina, Lasse, Inger och Ola? Varför?

Vad tycker du?	Jag håller (inte) med. Det tycker jag också.
Jag tycker inte att jobbet som … passar bra för … därför att … Vad tycker du?	 Det tycker inte jag heller. Jo, det tycker jag.

C Berätta för paret bredvid vad ni tycker.

8

A Annika ringer på en annons om jobb som barnflicka. Replikerna står i fel ordning. Sortera dem. Ni får hjälp med nummer ett.

2 – Har du arbetat med barn tidigare?
11 – Okej, jag vet var det är. Då ses vi på fredag.
1 – Hej, jag heter Annika Svensson och ringer om jobbet som barnflicka. Jag pluggar på halvtid och är intresserad av ett extrajobb.
4 – Hur gamla är dina syskon?
12 – Du är välkommen. Och du, kan du ta med dig skolbetyg och referenser?
7 – Javisst. När ska jag komma?
13 – Självklart!
3 – Nja, inte direkt, men jag älskar barn och jag har tre småsyskon som jag har tagit hand om mycket.
8 – Kan du komma klockan fem på fredag?
6 – Jag förstår. Kan du komma hit någon dag så kan vi prata lite mer?
10 – På Slalomvägen åtta.
5 – Nu är de sju, nio och tolv. De är mina halvsyskon.
9 – Det går bra. Var bor ni?

B Skriv en dialog där Carina, Lasse, Inger eller Ola ringer och söker ett av de lediga jobben på s 130.

C Spela upp dialogen för de andra i klassen.

Studietips

Öva många gånger.

9

A Kristian berättar om en vanlig arbetsdag på hotellet i Halmstad.
Vad har han för arbetsuppgifter på hotellet? Kryssa för rätt alternativ.

- [x] serverar frukost
- [x] diskar
- [ ] städar
- [x] jobbar i receptionen
- [ ] serverar lunch
- [x] har vattengympapass
- [ ] lagar middag
- [ ] serverar middag
- [x] står i baren
- [ ] spelar piano i baren

B Lyssna på Kristian igen och svara på frågorna.

1 När börjar Kristian arbeta? halv sju

2 Vilken tid är hotellfrukosten? från 7 till 10

3 Hur dags äter Kristian lunch? halv två

4 Var äter han lunch? ~~halv två~~ personal matsalen

5 När är han ledig? 4 – 6

6 Vad gör han då? gå på strand / gå hem / vila

7 Vilken tid slutar han arbeta? 11

Till sist s 101

En inbjudan

Sara talar med sin mamma Berit på telefon.

Berit: Vill ni inte komma ut till oss på landet? Vi har ju inte träffat Brian än.
Sara: (*ropar*) Brian! Mamma undrar om vi inte vill komma ut till dem på landet.
Brian: Jo, gärna! När ska vi komma?
Sara: Han undrar när vi ska komma.
Berit: Kan ni komma på fredag kväll? Då har vi hela helgen tillsammans.
Sara: (*ropar*) Hon undrar om vi kan komma på fredag kväll.
Brian: Nej, det passar inte så bra på fredag. Då har vi fest på jobbet. Kan vi komma på lördag i stället?
Sara: Han säger att fredag inte passar så bra. Han undrar om vi kan komma på lördag i stället.
Berit: Ja, ni är välkomna på lördag.
Brian: Ska vi ta med något?
Sara: Brian undrar om vi ska ta med något.
Berit: Ta gärna med lakan.
Sara: Det gör vi. Vi ses på lördag.

Vill ni inte komma ut till oss på landet?	Mamma undrar om vi inte vill komma ut till dem på landet.
Kan ni komma på fredag kväll?	Hon undrar om vi kan komma på fredag kväll.
Fredag passar inte så bra.	Han säger att fredag inte passar så bra.
När ska vi komma?	Han undrar när vi ska komma.
Vad ska vi ta med oss?	Han undrar vad vi ska ta med oss.

Bisats: indirekt tal

1

A Kan ni hitta ett system för indirekt tal?

B Gör om meningarna i indirekt tal till direkt tal och skriv dem.

Exempel:

Sara säger att de ska åka till landet.

Sara: Vi ska åka till landet.

Brian undrar när de ska åka.

Brian: När ska vi åka?

1 Sara säger att de måste åka klockan 10.

____

2 Brian undrar när de är framme.

____

3 Sara säger att de är framme till lunch.

____

C Arbeta tre och tre. Person 1 skriver en fråga eller ett påstående till person 3 på ett papper. Han ger pappret till person 2 som berättar för person 3.

Exempel:

Person 1: Vill du gå på bio i kväll?

Person 2: Peter undrar om du vill gå på bio i kväll.

Person 3 skriver svaret på ett papper och ger till person 2 som berättar för person 1.

D Byt roller.

Ö s 103–105

På landet …

Brian och Sara tar bilen. Sara kör, för Brian är lite trött efter festen på jobbet i går. De tittar efter älgar på vägen, men ser ingen. De ser bara rådjur och harar. De ska ta en bilfärja till ön. Färjan går bara två gånger i timmen, så de måste vänta en stund. Solen skiner, det blåser och de känner lukten av hav. Måsarna skriker i luften. Det är härligt i skärgården.

Färjan tar bara en kort stund. Sedan är det bara en liten bit kvar. Till höger efter färjeläget och sedan till vänster in på en liten grusväg. Sedan ser man ett rött hus mellan träden. Havet glittrar. Sara parkerar och de går ur bilen. Saras pappa Kurt-Allan står och hugger ved.

Kurt-Allan: Vad bra att du har kommit, Brian. Efter lunchen kan du hjälpa mig att hugga ved. Sedan ska vi måla om dasset.

Brian: Förlåt, ”dasset”? Vad är det?

Kurt-Allan: Du vet, vi har ju ingen toalett här. Det är det där huset där borta med ett hjärta på dörren.

Brian: Jag skulle gärna ta en dusch. *Har* ni någon dusch?

Sara: Nej. Vi har ingen dusch här. Vi brukar tvätta oss i havet.

Brian: Men det är ju bara 15 grader. Hur kallt är det i vattnet?

Sara: Vet inte, kanske 13 grader.

(*lite senare*)

Berit: Nu äter vi!

Kurt-Allan: Brian, jag vet inte om du har ätit det här förut. Det är sill.

Berit: Brian, kan du skicka mig nubben.
Brian: ”Nubben”, vad är det?
Berit: Vodkan, alltså.
Brian: Jag förstår. Här, varsågod.
Berit: Tack.
Kurt-Allan: Ska vi sjunga lite?

> Helan går
> Sjung hopp falle rallan lallan lej.
> Helan går
> Sjung hopp falle rallan lej
> Och den som inte helan tar
> Han heller inte halvan får
> Helan går
> (*alla dricker*)
> sjung hopp falle rallan lej!
>
> *Melodi: Traditionell*

Brian: Det är så roligt att vara här.
Berit: Det är jätteroligt att ha dig här.
Kurt-Allan: Ska vi sjunga lite mer? Vi tar den där om pärlan, va?

> Skårgår'n har strömming.
> Lappland har ren.
> Skåne har brännvin.
> Småland har sten.
> Geten har killing.
> Kon har sin kalv.
> Musslan har pärlan,
> och den tar vi kall.
>
> *Melodi: Old Smokey Mountain*

Alla: Skål!

Efter lunchen hjälper Brian Kurt-Allan att hugga ved och måla dasset. Berit bakar kanelbullar. Det luktar gott. Klockan tre blir det fika med kaffe och bullar. När de har fikat, går de ut i skogen och plockar blåbär och kantareller.

Berit: Om vi hittar kantareller, ska vi göra kantarellsmörgåsar. Jag vet ett ställe där det brukar finnas många kantareller.

De hittar mycket blåbär men inga kantareller. Berit är lite sur. Kurt-Allan bakar en blåbärspaj när de kommer hem. Till middag äter de älgstek. Älgen har Kurt-Allan skjutit med sina jaktkompisar. Brian är jättetrött.

Brian: Jag måste nog sova nu.
Kurt-Allan: Nej, först ska vi alla bada bastu. Bastun är varm nu.

I bastun är alla nakna. Brian tycker det är lite konstigt. Och efter en stund så springer Berit och Kurt-Allan ut ur bastun och hoppar ner i det kalla vattnet. Ännu konstigare tycker Brian. En lång dag på landet är slut. Hoppas det blir lugnare i morgon, tänker han.

Vi har **ingen** toalett.
Min familj har **inget** landställe i England.
De ser **inga** älgar.

Indefinit pronomen

Ö s 106–107

När de har fikat, **går de** ut i skogen och plockar blåbär och kantareller.
Om vi hittar kantareller, **ska vi** göra kantarellsmörgåsar.

Ordföljd: bisats + huvudsats

SUBJUNKTIONER
när om

När de har fikat, ~~de går~~ ut i skogen och plockar blåbär och kantareller.

Ö s 107–109

Jag vet ett ställe **där** det brukar finnas många kantareller.

RELATIVT PRONOMEN
där

Ö s 110

E Diskutera. Vad tror ni händer nästa dag?

F Skriv en text tillsammans. Läs upp för paret bredvid.

2

På middag …

A Diskutera. Vad betyder fraserna i rutan?

Tack för i kväll!
Hur ska vi sitta?
Skål!
Välkomna!
Å vad gott det var!
Ta för er!
Jag kör.
Vad vill ni dricka?
Det är bra för mig.
Tack detsamma!

B Välj fraser ur rutan och skriv dem där de passar in.

Petra: ______________________ Vad roligt! Kom in.
Vad fin du är Mia!

Mia: ______________________

Oskar: Vi tog med oss en flaska vin.

Ulf: Å, franskt vin. Vad gott! Vill ni ha en drink före maten?

Oskar: Nej, tack. ______________________

Mia: Jag tar gärna ett glas.

(senare)

Petra: Maten är klar. Varsågoda. Ulf, ______________________

Ulf: Jag sitter här med Mia, och du med Oskar där.

Petra: ______________________

Mia: Tack. Det ser gott ut!

Petra: ______________________________

Oskar: ETT glas vin kan jag ta, va?

Mia: Det går nog bra.

Oskar: Kan du skicka saltet, tack.

Ulf: Varsågod.

Oskar: Tack.

Mia: ______________________________ Mmm. Jag måste få receptet.

Ulf: Ja, det är ett gammalt recept från min mormor.

Oskar: Mmm. Jättegott!

Ulf: Ta mer, om ni vill ha!

Mia: Ja, tack.

Oskar: Tack. ______________________________.

Petra: Vi har glömt att skåla. Skål och välkomna! Det var så roligt att ni kunde komma!

Alla: ______________________________

(*senare*)

Oskar: Tack för maten! Det var så gott alltihopa.

Mia: Ja, verkligen!

Petra: Ska vi dricka kaffet i vardagsrummet?

(*senare*)

Mia: Vi måste tänka på refrängen. ______________________________

Oskar: Ja, tack för allt.

Ulf: Tack för att ni kom. Vi ses snart!

Alla: Hej då! Hej hej!

C Lyssna på texten och kontrollera att du skrivit rätt.

D Arbeta 2–3 personer. Skriv en egen middagsdialog.

E Läs upp för de andra.

Therese tipsar

Therese är expert på vett och etikett.

När du är bjuden på middag

- ✓ måste du komma i tid.
- ✓ bör du inte gå in med skorna på. Ta gärna med inneskor.
- ✓ får du gärna ta med dig blommor, en ask choklad eller en flaska vin.
- ✓ ska du ta bort pappret på blommorna innan du ger dem till värdinnan.
- ✓ kan du gärna säga ”vad gott det var” under middagen.
- ✓ bör du ringa några dagar senare och säga ”tack för senast”.

3

A Kan du fler etikettsregler i Sverige? Vilka?

B Vilka regler finns i ditt land?

C Berätta för de andra. Tänk på ordföljden.

FUNDAMENT	VERB	SUBJEKT	
När du är bjuden på middag i Sverige/i …	måste	du	…

4

A Välj fester ur rutan och skriv dem vid rätt inbjudan.

en 70-årsfest · en 50-årsfest · ett barnkalas · en klassfest · en kickoff · ett bröllop

Jag är halvvägs till 100!
Kom och fira mig på min stora dag!
Öppet hus 13.00–16.00 på
Tippvägen 35
O.S.A. till mig 0707-354 64 74 eller mejl
pelle@fest.nu
Valfri klädsel
Obs! Köp inga presenter.
Pelle

A ______________________________

Lena
&
Bengt
gifter sig

Vigseln äger rum klockan 16.00 i Storkyrkan.
Middag med dans på festvåningen Cabaret.
Klädsel: kavaj

O.S.A.
Till
Lena Petterson
Ringvägen 34
129 46 Stockholm

Lista finns på Presentshoppen

B ______________________________

Hej!
Eftersom alla är tillbaka från semestern, ska vi ha en liten fest!
Vi träffas i entrén klockan 17.00 på tisdag.
Vi ska sporta tillsammans så inga festkläder.
Vi avslutar kvällen på restaurang.
Svara och säg om du kan komma eller inte.
Mvh
Erik

C ______________________________

Årets brännbollsturnering!
3a spelar brännboll.
Barn mot föräldrar!
Vi ses på fotbollsplanen utanför skolan klockan 18.00 onsdagen den 20 maj.
Ta med något att grilla och ett gott humör.
Om det regnar träffas vi i gymnastiksalen.
Svara på talongen nedan hur många ni blir, och vad ni tar med er.

D ______________________________

B Kombinera svaren med rätt inbjudan (A–D).

VA KUL!
Vi blir två vuxna och tre barn.
Vi tar med oss hamburgare
och korv med bröd.

Kära Lena och Bengt!
Vi kommer gärna på ert bröllop.
Det ska bli så roligt. Vi måste
nog ta med vår son också för
han är nyfödd.
Hoppas det går bra.

Mvh Johanna och Ulrik

1 ______________________ 2 ______________________

Jag kommer på festen.
Hälsningar Ulla

PS. Vad är det för restaurang,
där man kan ha sportkläder?

Självklart kommer jag och firar
dig på din stora dag!
Eftersom du inte vill ha någon
present tar jag med mig några
flaskor i stället.

Kram Patrik

3 ______________________ 4 ______________________

C Vilken fest vill ni gå på? Varför?

5

A När ska de vara på festen?/När ska de träffas?
Kryssa för rätt alternativ.

1 ☐  ☐  ☐ 

2 ☐  ☐  ☐ 

3 ☐  ☐  ☐ 

4 ☐  ☐  ☐ 

5 ☐  ☐  ☐ 

B Läs frågorna. Lyssna igen och skriv orden som saknas.

1 A De ska på middag till ______________________

och ______________________.

B De ska ta bussen klockan ______________________.

2 A De ska åka buss ______________________

och buss ______________________.

B Sedan måste de gå ______________________ kilometer.

3 A Kvinnan kan inte komma på ______________________.

B Klockan tre fungerar inte för Iris ______________________ klockan två.

4 A Efter ceremonin är det middag på ______________________.

B Mannen missar ______________________ den här veckan.

5 A De ska ta med sig några biffar, för de ska ______________________.

B De ska handla ______________________.

Till sist s 111

Studietips

Lyssna på svenskans rytm och melodi.
Lyssna efter långa vokaler och konsonanter.
Jobba med uttalsövningarna i övningsboken.

15 Vad gör de i Sverige?

1

Morgonposten har en artikelserie om utlänningar i Sverige. Tyvärr har rubrikerna fallit bort. Kan du hitta rätt rubrik till texterna? Fyra rubriker blir över.

Olika arbetsplatser

Ett tungt arbete

Svensk mat

Engelska skolan bäst i Stockholm

Långt ifrån familjen

Med familjen i Sverige

Svenska familjer

Rätt arbete till slut

Pratar alltid franska på jobbet

1 ______________________________

Kista strax utanför Stockholm kallas ibland Sveriges Silicon Valley. Här ligger många IT-företag och här jobbar Singh och många andra utlänningar. Singh är IT-expert från New Delhi. Han kan inte så mycket svenska för han pratar bara engelska på jobbet. Men han går på en kvällskurs i svenska. Singh trivs bra i Sverige, men han saknar sin familj. Nu vill Singh att hans föräldrar och syskon ska komma, men de tycker att resan är för lång.

2 ______________________________

Vad har en somalisk kamelskötare för chans att hitta jobb i Sverige? Det undrade Ahmed och hans bror Muhammed som kom till Sverige som flyktingar. Ahmed och Muhammed var arbetslösa ganska länge. Men för en tid sedan såg de i en tidning att det fanns en djurpark med kameler på Öland. Nu bor de på Öland och arbetar som kamelskötare igen. De är mycket nöjda.

3 ______________________________

Dorota och hennes pojkvän har långa arbetsdagar. Från sex på morgonen till sju på kvällen, sju dagar i veckan, plockar de jordgubbar i Skåne. En bra dag kan de plocka 30 liter i timmen. Det är jobbigt, men de trivs i Sverige. Här är så tyst och skönt, säger de. Hela sommarlovet stannar de i Sverige, sedan tar de båten hem till Polen och universitetsstudierna igen.

4 ______________________________

På Karolinska Institutet i Stockholm hör man nästan bara engelska på fikapauserna. Här arbetar forskare från hela världen. En av dem är Dalila. Hon är läkare från Algeriet men just nu forskar hon om genetik. Hon bor med sin familj i en lägenhet som KI hyr ut till gästforskare. Hennes man är journalist och deras barn går i Engelska skolan. De ska stanna i Sverige i tre år.

5 ______________________________

Philippe har två stora intressen: skidor och golf. Han flyttade till Kiruna för ett par år sedan. Hans flickvän, Lena, är astronom på Esrange, rymdforskningsstationen. Philippe är säsongsarbetare, på vintern är han kock på Ishotellet i Jukkasjärvi och på sommaren arbetar han på Kiruna Golfklubb. Philippes vänner hemma i Frankrike tycker att han är galen. Är det inte mörkt och kallt? Jo, men på sommaren är det ljust, säger Philippe.

2

A Vad gör den här personen i Sverige, tror du? Prata om bilden och skriv sedan en text om henne.

B Läs upp er text för paret bredvid.

3

Repetera possessiva pronomen.

jag	min/mitt/mina	vi	vår/vårt/våra
du	din/ditt/dina	ni	er/ert/era
han	hans	de	deras
hon	hennes		
den/det	dess		

A Välj possessiva pronomen ur rutan och skriv dem där de passar in.

Nu ska jag berätta om ____________________ vän
1
Eva. ____________________ pojkvän heter Matthew.
2
Han kommer från England och ____________________ föräldrar bor där.
3
Eva och jag gick i samma klass i skolan. ____________________ skola hette
4
Ängsskolan. Vi tyckte mycket om alla ____________________ lärare.
5
Eva och jag bodde nära varandra. Evas hus låg bara 100 meter

från ____________________. Evas föräldrar hade en skoaffär.
6
Min familj köpte alltid skor i ____________________ affär.
7
Nu är Evas föräldrar pensionärer och ____________________ affär är stängd.
8

B Berätta om en vän.

Ska vi åka till Ishotellet?

Akinori måste planera sin vintersemester. En vecka ska han vara hemma med sin flickvän Kajsa. Sedan ska de åka till hennes föräldrar i Småland ett par dagar. Akinori vill gärna träffa sina föräldrar också. De kan komma till Sverige i vinter. Akinoris pappa kan vara ledig från sitt jobb en vecka i december. Tänk om de kunde åka till Ishotellet i Jukkasjärvi?

Akinori måste planera sin vintersemester.

Akinoris pappa kan vara ledig en vecka från sitt jobb.

Akinori ska skriva till sina föräldrar.

Reflexiva possessiva pronomen

4

Läs exemplen. Kan ni se ett system för *sin, sitt* och *sina?*

Akinori bor ihop med sin flickvän.
Akinori och hans flickvän bor ihop.

Han tycker om sitt jobb.
Hans jobb är mycket intressant.

Akinori ska resa på semester med sina föräldrar.
Akinori och hans föräldrar ska resa på semester.

Ö s 113–115

5

Lyssna på dialogen och skriv orden som saknas.

På resebyrån

Akinori: Hej, jag ____________ att resa till Ishotellet i Jukkasjärvi med mina föräldrar i december. Hur ____________ man sig dit från Stockholm?

Resesäljare: Du kan flyga till Kiruna. ____________ är det cirka 15 kilometer till Jukkasjärvi. Man kan ____________ skoter den biten. Det kostar ca ____________ kronor. Annars ____________ jag taxi.

Akinori: Hur mycket kostar ____________?

Resesäljare: Jag vet inte ____________, men ett ____________ hundra skulle jag tro.

Akinori: Okej. Jag tror att taxi är bäst för ____________. Vad kostar ____________?

Resesäljare: När ____________ ni åka?

Akinori: Den ____________ december från Arlanda. Vi ska ____________ i Jukkasjärvi i två dagar.

Resesäljare: Så ni vill resa hem den ____________ december. Då ska vi se. Flyget kostar ____________ kronor per person.

Akinori: ____________ och retur?

Resesäljare: ____________.

Akinori: Måste ____________ förbeställa taxi?

Resesäljare: Det är nog bra att ____________.

Akinori: Okej. Tack för ____________. Jag återkommer.

Resesäljare: Du är välkommen. Vänta inte för ____________ bara. Biljetterna ____________ ta slut ganska snabbt.

Ishotellet

Idén till Ishotellet föddes 1989. Då gjorde japanska konstnärer en utställning med iskonst i Jukkasjärvi, 20 mil norr om polcirkeln. Året efter hade en fransk konstnär vernissage i en igloo. Några besökare sov över i igloon och de tyckte att det var fantastiskt. Det var starten för Ishotellet.

Varje vår smälter Ishotellet sakta men säkert ner i Torne älv. Och varje senhöst, i november, bygger man upp det igen. Hotellet är på ca 5 000 kvadratmeter. Det har ett 60-tal rum, en kyrka där man kan gifta sig och en bar, allt gjort av snö och is. Temperaturen inomhus är mellan fem och åtta minusgrader. I isbaren minglar folk från alla delar av världen och man dricker drinkar i glas av is från älven.

Första året hade Ishotellet bara ett rum. I dag har hotellet ca 15 000 gästnätter per säsong. Ungefär två tredjedelar av gästerna kommer från utlandet. Och intresset bara ökar!

6

A Skriv fem frågor till texten om Ishotellet.

B Byt papper med gruppen bredvid.

C Svara på deras frågor muntligt, utan att titta i texten.

D Skriv en text om en speciell plats eller byggnad i ditt land.

7

A Alla personer i rutan planerar en resa.
Titta på reseannonserna och diskutera vart ska de åka.

1 Kickan fyller 50 år nästa vinter men hon vill inte ha fest. I stället vill hon resa bort med sin man och deras barn. Hon vill bo på ett fint hotell och ha en skön semester i två eller tre veckor.

2 Pernilla och Ylva är mycket intresserade av kultur. De tycker om att turista i storstäder och att sitta på kaféer och diskutera livet. De har inte så mycket pengar, så resan måste vara billig.

3 Andrew och Alice älskar naturen och de tycker om äventyr. I år vill de resa till en riktigt exotisk plats. De har varit gifta i 25 år och det vill de fira med en resa som de aldrig glömmer.

4 Robert och Anja är konstnärer. De skulpterar och målar. Den här sommaren vill de resa till en vacker plats där de kan arbeta och få inspiration. De kan stanna borta i en månad. Båda älskar havet.

B Berätta för hela gruppen vart Kickan och de andra ska åka.

C Vilken av resorna skulle ni välja? Varför?

Se Stockholms skärgård i sommar

Res så mycket du vill mellan öarna med Kanalbolagets båtkort för 1000 kr.

Barn halva priset

Kortet gäller i 30 dagar.

Boka vandrarhem genom oss.

Kanalbolaget tel: 08-10 00 01

SISTA MINUTEN!

Långhelg i Paris

Torsdag till söndag 998 kr!

(Flygskatt tillkommer)

Enkelt, men centralt hotell

Sistaminutentorget, tel: 063-55 50 50

Med buss till Europas städer

14 dagars rundtur

Allt inkluderat i priset.

Guidade turer

Vi bor på enkla men fräscha hotell.

5 900 kr per person. Grupprabatter

www.europabuss.se

UNDERBARA, EXOTISKA MAURITIUS I VINTER

Bo förstklassigt på vårt hotell med stor pool precis vid stranden.

Halvpension, stor frukostbuffé, tre-rätters middag.

Barnrabatter

www.mauritiusexperten.nu

MIDNATTSSOL I LAPPLAND

Vandringsresor i Lappland

Vandra på dagarna i fantastiskt landskap

Njut av lokala delikatesser till middag

Sov skönt i bekväma stugor – eller under bar himmel!!

På våra resor är allt möjligt.

www.lapplandsexpressen.se

Sommar på Gotland

Boka hus på Sveriges vackraste ö.

Hus och stugor i alla prisklasser.

Ring och beställ katalog.

Gotlandssemester, tel: 031-62 63 64

Gourmetweekend i Värmland

Charmigt hotell i vacker natur

Prisex: del i dubbelrum,

välkomstchampagne och frukt på rummet,

två frukostar, eftermiddagste,

två fyrarätters middagar

3 700 kr per pers

www.lyxhyttan.se

Kulturvecka i TOKYO

Femstjärnigt hotell

centralt i Tokyo

Helpension

Konst, musik, film och teater

Engelsktalande guider

Endast 31 800 kronor per pers

www.kulturfard.nu

Ishotellet i Jukkasjärvi

Bo på hotellet gjort av snö och is.

Spännande arkitektur, vacker iskonst.

Vi kan lova en helt unik semester!

Ring för mer information.

Isresor: 0414-200 02

8

A Skriv rätt siffra vid varje plagg.

1 ett par trosor
6 en kostym
11 ett par strumpbyxor
15 ett par skor
2 en mössa
7 en skjorta
12 en bh
3 ett par stövlar
8 en kjol
13 en tröja
16 en blus
17 en slips
4 ett par strumpor
9 ett par kalsonger
18 en halsduk
5 en kappa
10 en jacka
14 ett par handskar
19 ett par kängor

B Vad behöver Kickan och hennes familj, Pernilla och Ylva och de andra packa för sina resor? Gör listor.

Behöver du repetera reglerna för plural? Se s 232 i Minigrammatiken.
Behöver du repetera adjektivformerna? Se s 234 i Minigrammatiken.

FÄRGER SOM ADJEKTIV

blå	vit	grön	grå	orange
gul	röd	brun	svart	rosa

MÖNSTER

rutig	randig	prickig	blommig	mönstrad

C Be din lärare skriva kurskamraternas namn på lappar och dela ut två lappar till varje par. Beskriv personerna men skriv inte namnen.

Exempel:

Han är lång och har mörkt hår. I dag har han på sig en randig skjorta och blåa byxor. Han ser lite trött ut i dag.

D Läs upp era beskrivningar för klassen. De andra gissar vilka personerna är.

Han **ser** trött **ut** i dag.

Ser + adjektiv + ut

Ö s 115–116

9

A Lyssna på samtalet hos polisen och fyll i formuläret.

Namn på den som anmäler: Sune Bengtsson	
Namn:	
☐ Man	☐ Kvinna
Längd:	
Ålder:	
Hår:	
Ögonfärg:	
Annat:	
Sågs senast:	

B Lyssna en gång till på samtalet om personen som är försvunnen. Kryssa för rätt alternativ.

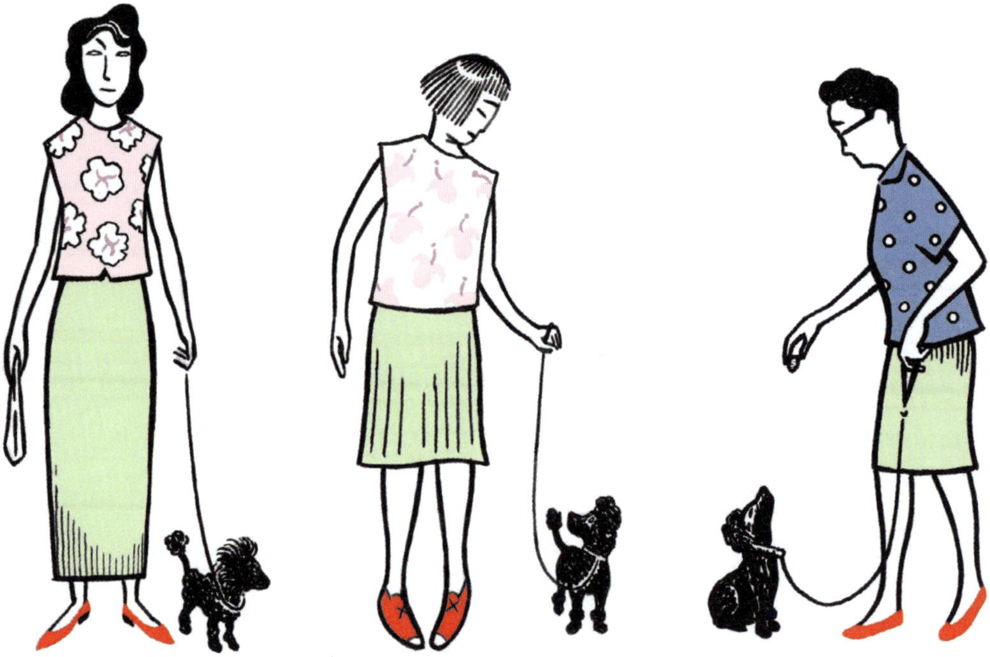

A ☐ B ☐ C ☐

C Diskutera: Vad tror ni har hänt personen som har försvunnit?

D Berätta för de andra grupperna.

Till sist s 117

Studietips

Läs rubriker i tidningen och reklamannonser på stan.
Leta efter ord du kan.
Ha alltid med en ordbok.
Kryssa för ord som du slår upp i ordboken. Nästa gång du slår upp det sätter du ett kryss till. Titta på samma sida om det finns andra ord med kryss.

16

1 Kombinera ord och fraser. Dra streck.

1 ett lov
2 en termin
3 en föreläsning
4 en rast
5 ett seminarium
6 grundskolan
7 gymnasiet
8 ett universitet/en högskola
9 komvux
10 betyg

a en del av året när man studerar
b en lektion på universitetet
c en lektion på universitetet med diskussion mellan studenter och lärare
d klass 1–9 i skolan
e en paus i skolan eller på universitetet
f ett gymnasium för vuxna
g år 10–12 i skolan
h lärarens bedömning av elever och studenter
i ledigt från skola eller universitet
j skolan efter grundskolan och gymnasiet

Utbildning och jobb

Mona 43 år

Jag gick ut gymnasiet och sedan sökte jag till universitetet. Men jag kom inte in så jag började jobba i stället. För 10 år sedan började jag på ekonomiavdelningen på ett stort företag. Där sköter jag lönerna. Ibland tänker jag att jag borde studera till civilekonom.

Richard 32 år

Jag var så skoltrött när jag var tonåring. Jag hoppade av skolan och började jobba. Jag jobbade i tre år och sedan började jag på komvux. När jag var färdig med komvux började jag på juristlinjen. Nu är jag färdig jurist och jobbar på en advokatbyrå. Det trodde aldrig min mamma för 15 år sedan när jag jobbade på en bilverkstad.

Sofia 25 år

Jag var en riktig plugghäst i skolan. Jag läste alltid alla läxor och kunde alltid svaren på alla frågor. Jag läste naturvetenskapligt program på gymnasiet och sedan började jag på Chalmers tekniska högskola i Göteborg. Det var en rolig tid. Vi studerade mycket men hade också många fester. Nu är jag färdig ingenjör och jobbar på ett stort företag här i stan. Kanske doktorerar jag i framtiden. Jag vill forska om miljövänliga bilar.

FUNDAMENT	VERB	SUBJEKT		OCH/MEN	FUNDAMENT	VERB	SUBJEKT	
Jag	hoppade av		skolan	och		började		jobba.
Jag	jobbade		i tre år	och	sedan	började	jag	på komvux.
Vi	studerade		mycket	men		hade		också många fester.

Fras 1 + och/men + fras 2

2

A Berätta för varandra om er utbildning och era planer.

Jag gick i grundskolan i … år och sedan …
Jag läste på universitetet i … och sedan …
Jag är [yrke] och …

Jag går …

Jag ska börja på …
Jag är färdig om …
I framtiden vill jag …

B Titta på rutan på s 159. När har man subjekt i fras 2?
Kan ni se ett system?

Ö s 120–121

C Skriv en text om dina studier och ditt yrkesliv.

Det svenska utbildningssystemet

I Sverige är det obligatoriskt att gå i grundskolan, det vill säga år 1–9 i skolan. Man börjar skolan när man är sex eller sju år. De flesta barn går i förskola (dagis). Det finns kommunala skolor och friskolor. Båda är gratis för alla. I skolan har man två terminer: höst- och vårterminen. Man har jullov och sommarlov men också sportlov, påsklov och höstlov. Man får betyg varje termin men inte från första klass. I nionde klass väljer man program till gymnasiet.

På gymnasiet går man tre år. På olika program läser man lite olika ämnen, men alla läser svenska, engelska och matematik. Det finns praktiska program som till exempel fordonsprogrammet och teoretiska program som naturvetenskapsprogrammet. Den som inte går gymnasiet som ung kan göra det som vuxen. Då heter det komvux.

Det är många som studerar på högskola eller universitet direkt efter gymnasiet. Men andra jobbar eller reser innan de börjar på universitetet. Det är inte ovanligt att man är 25 år eller äldre när man börjar på universitetet. För några utbildningar måste man ha mycket höga betyg från gymnasiet. Universitetet är gratis så att alla kan studera. Men böcker, mat och hyra kostar ganska mycket. De flesta finansierar sina studier med studielån, pengar som staten lånar ut. Efter examen kan man söka till forskarutbildning för att ta doktorsexamen.

Bland OECD-länderna (de flesta industriländer i världen) låg Sverige på fjärde plats 2004 när det gäller utbildningsnivå bland befolkningen.

35 procent av Sveriges befolkning mellan 25 och 64 år hade högskole- eller universitetsutbildning. I Kanada, USA och Japan var siffran högre.

(Källa: OECD, Education at a Glance 2006)

3

Hur ser utbildningssystemet ut i ditt land? Berätta för varandra.

4

A Var är de? Välj ur rutan och skriv efter rätt dialog.

gymnasium förskola universitet grundskola

Dialog 1 ____________________

Dialog 2 ____________________

Dialog 3 ____________________

Dialog 4 ____________________

B Lyssna igen och skriv R (rätt) eller F (fel). Om det är fel, skriv det rätta svaret på raden efter.

1 a De ska ha lektioner på morgonen. _______

____

b Daiva har läst boken. _______

____

2 a De har prov i svenska på fredag. _______

____

b De ska läsa samma program på gymnasiet. _______

____

3 a De pratar om universitetet. _______

____

b De går i trean på gymnasiet. _______

____

4 a William trivs. _______

____

b Läraren är dataexpert. _______

____

Framtiden

Några utländska studenter i Sverige pratar om framtiden.

Kaspars från Lettland studerar ekonomi i Daugavpils.

Hans från Nederländerna studerar till byggnadsingenjör i Amsterdam.

Daiva från Litauen studerar svenska och tyska på universitetet i Vilnius.

Wei från Kina studerar kemi på Stockholms universitet.

Wei: Du Daiva, vad ska du göra efter ditt år här i Sverige?

Daiva: Jag ska fortsätta studera svenska i Vilnius. Jag är färdig med min examen om två år. Då ska jag söka jobb som översättare. Det blir skoj att jobba. Du då?

Wei: Jag ska stanna här i Sverige. Jag vill forska. Jag ska söka till forskarutbildningen på Karolinska Institutet. Du då, Kaspars?

Kaspars: Jag åker tillbaka till Lettland nästa vecka. Sedan börjar universitetet igen i september. Jag tar examen nästa år. Då ska jag söka jobb som börsmäklare i London. Det kommer att bli tufft men roligt, tror jag.

Hans: Jag ska stanna i Sverige två år. Först ska jag studera på KTH ett år. Sedan ska jag göra min praktik här. Jag ska arbeta på ett svenskt byggföretag. Jag kommer att jobba med svenskar så det blir bara svenska på jobbet, tror jag.

Jag är färdig med min examen om två år.
Jag ska fortsätta studera svenska i Vilnius.
Det kommer att bli tufft men roligt.

Presens futurum

Jag är färdig med min examen om två år.
Då ska jag söka jobb som översättare.
Först ska jag studera på KTH ett år.
Sedan ska jag göra min praktik här.

Tid

Jag är färdig om två år.

Tidspreposition: framtid

5

A Stryk under alla uttryck för framtid i texten ”Framtiden” på s 163.

B Vad ska du göra efter kursen? Berätta för din partner.

Studietips

Imitera folk tyst för dig själv.
Använd tevens texttevefunktion.

6

Kristoffer är framtidsanalytiker på en konsultfirma. Han brukar alltid prata om framtiden och har många olika idéer.

A Vad tror ni om framtiden? Diskutera.

B Presentera för gruppen.

Ö s 122–124

Till sist s 125

17 1

A Kombinera fraserna och dra streck.

1 De flesta har en bostad
2 Om man bor i förort
3 Om man har en bostadsrätt
4 Om man bor i hyreslägenhet
5 I en tvättstuga
6 I en öppen spis
7 På sin tomt
8 När man betalar månadsavgift
9 När man pendlar
10 När man delar något
11 Om man är sambo
12 Om man är mambo
13 Om man är särbo
14 Om man är iblandbo/delsbo

a bor man strax utanför stan.
b hyr man sin lägenhet.
c bor man hos sina föräldrar.
d där de bor, oftast en lägenhet eller ett hus.
e har man köpt sin lägenhet.
f har man det inte själv.
g bor man tillsammans med någon utan att vara gift.
h finns det tvättmaskiner och annat.
i kan man elda inomhus.
j har man en relation med någon, men man bor inte ihop.
k har man ofta buskar, träd och blommor.
l betalar man en typ av hyra för en lägenhet man har köpt.
m har man en relation med någon, men man bor inte alltid ihop.
n åker man tåg eller buss till exempel mellan jobbet och hemmet.

Hur ska man bo egentligen?

När man ska flytta är det inte alltid lätt att välja hur man ska bo. Ska man bo i lägenhet eller i villa, på landet, i småstad, i storstad eller i förort? Man kanske måste pendla till jobbet om man bor utanför stan.

Om man vill bo i lägenhet, finns det olika alternativ. Man kan köpa en bostadsrätt, eller man kan hyra en hyreslägenhet. Om man inte har ett eget hyreskontrakt kan man hyra en lägenhet i andra hand.

Lägenheter kan se mycket olika ut. De kan vara nyrenoverade eller renoveringsobjekt. En del har balkong och öppen spis. Några har separat wc, men nästan alla har en gemensam tvättstuga, där alla i huset tvättar.

Hur stor lägenhet ska man ha, en etta, tvåa, trea, eller kanske en åtta? I Sverige räknar man alla rum utom köket och badrummet. Nästan alla vet exakt hur många kvadratmeter deras bostad är.

Som student kan man bo i ett studentrum. Då brukar man dela kök, dusch och toalett med de andra studenterna som bor i samma korridor.

Om man vill bo i hus kan man till exempel välja mellan villa, radhus och parhus. Och husen kan ha en stor eller liten tomt. Eller man kan bo på vattnet, i en husbåt.

Sedan kan man bo ensam eller vara sambo, särbo, iblandbo eller mambo.

Det är mycket att tänka på.

I Stockholms län är 26 procent av alla 20–27-åringar mambo.
Nästan nio av tio av dem skulle flytta hemifrån om de hade råd.

Sverige är det land i Europa som har flest singelhushåll.
46 procent av hushållen är ensamhushåll.

(Källa: Hyresgästföreningen, 2005, Svt.se, 2006.)

TYP AV BOSTAD	STORLEK	VAR?	HUR?
villa	etta	på landet	sambo
parhus	tvåa	i stan	ensam
radhus	trea	i förort	särbo
studentrum	fyra	i småstad	mambo
hyreslägenhet	femma		med kompis(ar)
bostadsrätt			
andrahandslägenhet			
husbåt			

B Gå runt i klassrummet och fråga dina kurskamrater hur de bor.
Du får bara ställa en fråga till varje person till att börja med.
Ropa ”bingo” när du har tre i rad.

Hitta någon som …

… bor i studentrum. ☐ NAMN ______________	… har en stor tomt. ☐ NAMN ______________	… är sambo. ☐ NAMN ______________
… bor i en trea. ☐ NAMN ______________	… är mambo. ☐ NAMN ______________	… har två sovrum. ☐ NAMN ______________
… bor i andra hand. ☐ NAMN: ______________	… bor i villa. ☐ NAMN: ______________	… bor i förort. ☐ NAMN: ______________

C Berätta för varandra hur ni bor nu eller hur ni bodde förut.
Använd orden i faktarutan här ovanför.

Äntligen hemma

Thomas och Gunilla har flyttat hem till Sverige igen efter femton år utomlands och nu måste de skaffa sig någonstans att bo till hösten. De bor hemma hos Thomas mamma just nu, men de måste skaffa sig en egen bostad. De sitter vid köksbordet och diskuterar olika alternativ. Ska de köpa hus eller lägenhet? Thomas vill gärna ha en trädgård, men Gunilla vill hellre bo i stan där hon jobbar – hon gillar inte att pendla.

Thomas hämtar dagens tidning med bostadsannonser.

Thomas:	Titta på det här huset, 114 kvadratmeter, tre sovrum, nyrenoverat kök och stor trädgård med fruktträd. Det blir perfekt för barnbarnen. Huset ser fint ut, eller hur?
Gunilla:	Hmm. Vad kostar det?
Thomas:	Det står 3,8 miljoner eller högstbjudande.
Gunilla:	Det låter dyrt.
Thomas:	Kanske, men det är billigare än lägenheten vi tittade på i går.
Gunilla:	Jodå, men den var ju större. Och du vet att det är dyrare att bo i villa än i lägenhet. Man måste ju betala en massa saker varje månad, olja och sophämtning till exempel.
Thomas:	Jamen, månadsavgiften var ju jättehög på lägenheten, så jag tror att lägenheten blir lika dyr som villan.
Gunilla:	Mmm, vi kanske kan titta på en mindre lägenhet.

Något för den händige

Stefan och Susanne är trötta på det stressiga livet i storstan. De vill flytta ut på landet och leva ett lugnare liv med sina barn. Nu sitter de och läser annonser.

Susanne:	Titta här, hästgård femton mil norr om Uppsala. Gården ser jättefin ut. 220 kvadrat, 1,2 miljoner bara.
Stefan:	Det låter billigt. Vad står det mer?
Susanne:	Det står att det är en oslipad diamant. ”Något för den händige.”
Stefan:	Nja, jag tror att det är bättre för oss att köpa ett nytt hus. Du vet hur opraktiska vi är. Och vi kanske kan hitta ett hus som ligger lite närmare stan.

Mambo

Axel är 23 år och bor fortfarande hemma hos sina föräldrar i Örebro. Nästan alla hans kompisar har flyttat hemifrån och ibland driver de med honom och kallar honom för ”mambo”. Axel brukar svara att det faktiskt är ganska skönt att bo hemma. Hans föräldrar lagar mat, städar och tvättar. Dessutom är det billigt. Han behöver inte betala något hemma.

I höst ska Axel börja studera juridik på universitetet i Lund, så nu måste han hitta en bostad där. Han funderar på om han ska söka ett studentrum eller försöka hitta en stor villa att hyra i andra hand tillsammans med kompisar. Vad är bäst? Det är roligare att bo med andra än att bo ensam, men ibland kanske det är lugnare att ha något eget. Vilket alternativ är billigast? Det måste han kolla upp.

POSITIV	KOMPARATIV	SUPERLATIV
gärna	hellre	helst
nära	närmare	närmast

Komparation av adverb

Det är dyrare att bo i villa än i lägenhet.
Jag tror att lägenheten blir lika dyr som villan.

Jämföra

2

A Stryk under alla adjektiv och adverb i komparativ i texterna på s 169 och 170. Skriv dem i positiv och superlativ också.

Exempel:

billig	billigare	billigast
gärna	hellre	helst

B Skriv meningar som jämför.

Exempel:

> Lägenhet: 105 kvm
> Villa: 105 kvm
> Lägenheten är lika stor som villan. Lägenheten och villan är lika stora (plural).

1 Lägenhet: fin
Villa: fin

2 Lägenhet: 2,5 miljoner
Villa: 4 miljoner

Ö s 128–131

C Skriv meningar som jämför era kurskamrater.

Exempel:

> Sophia och Therese är lika långa.
> Irina och José är lika pratsamma.

D Läs upp meningarna för de andra i klassen.

3

A Vilket är bäst, att bo i stan eller på landet?

Ett par skriver en lista med fördelar med att bo i stan och nackdelar med att bo på landet. Det andra paret skriver en lista med fördelar med att bo på landet och nackdelar med att bo i stan.

Exempel:

I STAN	PÅ LANDET
Fördelar	Nackdelar
+ man bor nära restauranger, teatrar osv.	– det är mycket arbete med villa och trädgård; reparationer, gräsklippning

B Sätt er tillsammans med paret bredvid och diskutera om man ska bo i stan eller på landet. Ett par tycker att det är bättre att bo i stan, det andra paret tycker att det är bättre att bo på landet.

ARGUMENTERA FÖR

Jag/vi tycker att det är bättre att ... därför att ...

ARGUMENTERA EMOT

Ja, kanske, **men**...
Ja, det är sant, **men**...
Ja, det har du rätt i, **men**...
Nja, jag/vi håller inte riktigt med ...

C Vara mambo eller flytta hemifrån tidigt? Förbered en diskussion på samma sätt som här ovanför och diskutera för och emot.

4

Roine berättar hur han och hans kolleger bor.

Läs igenom frågorna. Lyssna sedan på cd:n och skriv R (rätt) eller F (fel).

1 Roine och hans sambo har en hyreslägenhet. ________

2 De bor i en fyra. ________

3 Roine och hans sambo har inte barn. ________

4 Lena och hennes man ska bygga en swimmingpool i år. ________

5 Lena älskar trädgårdsarbete. ________

6 Olle studerar på universitetet. ________

7 Han vill bo hos sina föräldrar. ________

8 Pernilla flyttar ofta. ________

9 Cecilia och hennes sambo bor på landet. ________

10 Det är dyrare att köpa husbåt än villa. ________

5

A Skriv rätt siffra vid varje bild.

1 en vägg
2 en stol
3 ett soffbord
4 ett skrivbord
5 en bokhylla
6 en matta
7 ett matbord
8 en soffa
9 en fåtölj
10 en tavla
11 en taklampa
12 ett golv
13 ett fönster
14 en öppen spis
15 en golvlampa
16 en gardin
17 en skrivbordslampa
18 ett tak
19 ett skåp
20 en krukväxt

B Vilka saker har man i de olika rummen?

ett sovrum · ett badrum · en hall · ett arbetsrum · en tvättstuga · ett kök · ett badrum · en toalett

Exempel:

I sovrummet har man en säng …

> Man säger: *i* rummet, men *på* toaletten.

6

Lägenhetsvisning

Rolf och Annika är på väg till en lägenhetsvisning.
De har sett en annons som de tycker ser intressant ut.

> **Charmig br, (b.1922), 98 kvm, 4 r o k mitt i stan.**
> Balk, ö spis, sep wc. Nyren. kök o badr.
> **Pr: 4 175 000** el. högstbjudande.
> **Mån.avg. 2 300.**

Mäklaren står i dörren och hälsar välkommen och delar ut prospekt till alla som kommer. Hon ser trevlig ut. Det är mycket folk på visningen.

När Rolf och Annika kommer in i lägenheten måste de sätta på sig blåa skoskydd av plast över skorna. Det känns lite dumt.

De går runt och tittar på lägenheten. Den är fin, men de tycker inte om allt. Väggarna i vardagsrummet är laxrosa. Balkongen är liten och ligger mot norr, så man har ingen kvällssol där. Köket är alldeles nytt och fräscht, men Annika tycker inte om färgerna där heller. En sak är bra i alla fall, lägenheten ligger bara fem minuter från Rolfs jobb.

När de ska gå frågar mäklaren om Annika och Rolf är intresserade av lägenheten och om de vill lägga ett bud. Rolf och Annika svarar att de måste fundera lite och att de ringer på måndag i så fall.

A Vad betyder förkortningarna i annonsen?
Skriv med hela ord.

Exempel:

Charmig bostadsrätt (byggd 1922) osv.

B Tycker ni att Annika och Rolf ska köpa lägenheten?
Varför/varför inte?

7

A Du och din partner ska flytta ihop. Diskutera hur er drömlägenhet ska se ut. Rita den på ett papper.

B Titta på er ritning. Möblera lägenheten. Diskutera vilka möbler ni vill ha. Vilka färger ska ni ha i lägenheten? Rita in möblerna i lägenheten.

I det här rummet kan vi ha …
Här kan vi ställa/lägga/hänga/sätta …
Jag tycker att vi ska ha … här.

POSITIV	INTE SÅ POSITIV	NEGATIV
Ja, vilken bra idé!	Tja, eller …	Nej, tycker du?
Perfekt!	Mmm, kanske …	Nej, usch!
Absolut!	Ja, varför inte?	Aldrig i livet!
Ja, det blir snyggt!	Ska vi verkligen ha en rosa … ?	Nej, fy vad fult!

C Presentera er lägenhet för paret bredvid.

8

Välj prepositioner ur rutan och skriv dem där de passar in. Du kan använda samma preposition flera gånger. Ibland finns olika alternativ.

mittemot	bredvid	till höger om	på	vid
till vänster om	ovanför	mellan ... och	i	under

1 Det ligger en matta ______________ golvet ______________ soffbordet.

2 Soffbordet står ______________ mattan.

3 Det hänger en tavla på väggen, ______________ soffan.

4 Det står ett skrivbord ______________ soffan ______________ bokhyllan.

5 Bokhyllan står ______________/______________ skrivbordet.

6 Skrivbordet står ______________/______________ bokhyllan.

7 Det står en teve ______________ soffan, ______________ hörnet.

8 Det finns många böcker ______________ bokhyllan.

9 Det sitter en hylla ______________ väggen ______________ skrivbordet.

10 Det står en krukväxt ______________ hyllan.

11 Det hänger en lampa ______________ taket.

12 Det hänger gardiner ______________ fönstret.

Det står/hänger/ligger/sitter/finns + obestämd form

Presentering

Ö s 131–132

Till sist s 133

Studietips

Skriv inte alltid i övningsboken. Skriv på separat papper.
Då kan du gå tillbaka och repetera.
Repetera grammatikövningar muntligt.

18

I telefon

1
(*på mobiltelefon*)
– Hallå!
– Hej, det är jag.
– Tjena.
– – –
– Då säger vi så.
– Ja, vi hörs.
– Hej då.
– Hej hej.

2
– Kalle.
– Hej, det är Berit.
– Nej, men hej Berit! Det var längesen.
– – –
– Då så.
– Bra. Vi säger så.
– Hej då.
– Hej hej!

3
– Maria Nilsson, ekonomiavdelningen.
– Hej Maria, det är Peter.
– Hej Peter.
– Är Eva där?
– Ja, vänta lite. Eva … det är Peter i telefon.
– Jag kommer!

4
– Ulla Jakobsson, personalavdelningen.
– Hej, jag heter Leif Gustavsson och ringer från supportavdelningen. Jag söker Maria Danielsson.
– Ett ögonblick. Maria, du har telefon!

5

– Kem AB, god morgon.
– Hej, mitt namn är Gustav Andersson. Jag söker Gunilla Berg.
– Var god dröj … Hon sitter i telefon. Vill du vänta?
– Nej tack. Jag återkommer.
– Tack.

6

– Dentalab, du har kommit till växeln.
– Susanna Gren, tack.
– Vem kan jag hälsa ifrån?
– Niklas Johansson.
– Ett ögonblick … Jag får inget svar där. Kan jag ta ett meddelande?
– Be henne ringa mig. Hon har mitt nummer.
– Det ska jag göra.
– Tack och hej.
– Hej då.

MOBILTELEFONEN

2006 såldes 3,2 miljoner nya mobiltelefoner i Sverige. Nästan nio av tio svenskar har ett mobiltelefonabonnemang, privat eller genom arbetet.

(Källa: Ny teknik, 2007)

1

A Diskutera. Vilka dialoger är formella och vilka är informella?

B
1 Hur svarar man i telefon i olika situationer i Sverige?
2 Hur svarar man i telefon i ditt land?
3 Hur säger man sitt namn när den andra vet vem man är?
4 Hur säger man när den andra inte vet vem man är?
5 Hur kan man fråga efter en person?
6 Vad betyder ”Vem kan jag hälsa från?”?
7 Hur säger man ”vänta lite” i telefon?
8 Hur avslutar man ett telefonsamtal?

C Skriv färdigt dialog 1, 2, eller 3. Läs upp i gruppen.

Ö s 136

2

A Läs svarsalternativen.

B Lyssna flera gånger och kryssa sedan för rätt alternativ.

1 a Magnus som ringer
- ☐ vill berätta att det är stressigt på jobbet.
- ☐ har mejlat något.
- ☐ väntar på ett mejl.

b Mannen som svarar
- ☐ mejlar direkt.
- ☐ har ingen dator.
- ☐ kan inte mejla just nu.

2 a Mannen
- ☐ har redan haft paus.
- ☐ vill dricka kaffe.
- ☐ har ätit lunch.

b De
- ☐ ska inte dricka kaffe på jobbet.
- ☐ ska dricka kaffe i receptionen.
- ☐ tycker om kaffet i kaffeautomaten.

3 a Mannen på supporten
- ☐ kan inte lösa problemet.
- ☐ löser problemet direkt.
- ☐ ska ringa igen.

b Mannen på supporten säger
- ☐ att hon ska starta om datorn.
- ☐ att hon ska stänga av datorn.
- ☐ att hon ska köpa en ny dator.

4 a Siv ringer
- ☐ för hon är kompis till Bengt och Anna.
- ☐ för hon vill träffa Bengt och Anna.
- ☐ för hon är missnöjd med företaget.

b Siv ger sitt telefonnummer
- ☐ för hon vet inte om Bengt har det.
- ☐ för Bengt har inte det.
- ☐ för Bengt har tappat numret.

Så här skrev Nils till Bengt.

Bengt!

Kontakta Siv Olofsson på Tandkliniken. Det är problem med en leverans. Hon har nummer 031-517 13 12. Ring henne direkt.

mvh Nils

3

A Lyssna på två personer som lämnar ett meddelande.

B Lyssna igen och anteckna.

C Skriv de två meddelandena.

1 Vem ska de kontakta?
2 Varför de ska kontakta personen?
3 Hur de ska kontakta personen?
4 Vad har personen för telelefonnummer/e-postadress?
5 När ska de kontakta personen?

ringa mejla skriva till kontakta

LITE OM ERICSSON

Den 5 maj 1846 föddes Lars Magnus Ericsson i Värmland.

När han var 11 år dog hans far och Lars Magnus blev tvungen att börja arbeta. Han arbetade bland annat i gruvor i Sverige och Norge.

1876 flyttade Lars Magnus till Stockholm och tog arbete på en firma som tillverkade telegrafutrustning. Det gick bra för honom och han fick ett stipendium så att han kunde utbilda sig i Schweiz och Tyskland.

När han kom tillbaka till Sverige grundade han tillsammans med en tidigare kollega, Carl Johan Andersson, en liten mekanisk verkstad. De hade sitt kontor i ett före detta kök på 13 kvadratmeter på Drottninggatan i centrala Stockholm. De sysslade med tillverkning av matematiska och fysiska instrument, men efter en tid började de tillverka en variant av telefonen. Det var starten för det som sedan blev Telefon AB L M Ericsson. Vid 54 års ålder slutade Lars Magnus Ericsson arbeta på företaget.

År 2006 hade Ericsson drygt 63 000 anställda över hela världen.

4

A Skicka mejl (på papper i klassrummet eller på riktigt) till de andra i gruppen. Välj ämnen ur rutan.

Exempel:

Hej Magnus,
Här kommer dokumentet som du behöver.
Jag är ledsen att jag inte har skickat det tidigare.
Hälsningar Kalle

dricka en öl på fredag · måste vara ledig på fredag · kan inte komma på mötet · äta lunch

B Svara och skicka tillbaka.

Hej!
Har du lust att …
Vill du …
Jag undrar om …

Tyvärr …
Jag är ledsen …
Mvh
Hälsningar

5

Välj apparat ur rutan och skriv dem på rätt rad. Två blir över.

en kopieringsmaskin · en kortläsare · en dator · en fax · en skrivare · en kaffebryggare

1 ______________________________

När du kommer på morgonen, måste du sätta på den direkt. Annars blir många sura. Gör alltid två kannor. Du häller i här upp till den här röda markeringen. Sedan tar du 12 skopor per kanna. Du sätter på här. Tryck på den gula knappen. Tänk på att det finns en timer här också.

2 ______________________________

Här är din kod. Tryck in koden här och tryck sedan på den gröna knappen. Om du vill ha dubbelsidigt trycker du här. Om det blir stopp måste du ringa till receptionen. Gör inget själv. Det blir bara mer problem.

3 ______________________________

Du lägger pappret upp och ner. Sedan slår du numret och trycker på den gröna knappen. Om du vill ha ett kvitto trycker du här. Om inget händer måste du försöka igen.

4 ______________________________

Om du kommer först på morgonen måste du trycka en kod. Koden får du från it-avdelningen. Sedan behöver du bara dra kortet. På kvällen om du är sist måste du trycka en annan kod. Om du trycker fel kod eller har dörren öppen mer än en halv minut går larmet.

Kontorstrivsel

– Du, vad är det här för något!?
– Det är vår nya kaffeapparat. Den kan göra riktig kaffe latte.
– Vad härligt! Då slipper vi gå ut och köpa kaffe.
– Du måste trycka på de här gröna knapparna för att välja.

– – –

– Men hallå! Vems är de här smutsiga kopparna!?
Tänk att folk inte kan lära sig.

– Ja, usch! Det står ju faktiskt här på skylten:
"Ställ in disken i diskmaskinen".
– Ja och där har någon skrivit: "Din mamma jobbar inte här …"
– Hmm. Det verkar inte fungera. Och titta, någon har använt min fina gula mugg. Det står ju Maggan på. Kan folk inte läsa?!
– Du, förresten … Hur mår din lilla kanin?
– Jo, det är bättre med honom nu. Han är hemma från djursjukhuset.
– Vad skönt! Har du förresten hört om Elins nya kille. Han …

den här **röda** markeringen
den **gula** knappen
de här **gröna** knapparna
min **fina gula** mugg
Elins **gamla** mamma

Adjektiv bestämd form

6

A Jobba 4–5 personer i grupp. Alla lägger en sak i en hög, t ex en telefon, ett suddgummi, en penna.

B Fråga varandra.

Exempel:

– Vems är den här gröna telefonen? – Vems är det här vita suddgummit.
– Vems är den här blåa pennan?
– Det är Peters (gröna telefon/vita suddgummi/blåa penna).

Ö s 136–139

7

A Skriv en fortsättning på dialogen ”Kontorstrivsel” på s 183.

B Läs upp i gruppen.

C Ta en fikapaus ni också. Välj ord ur rutan att prata om.

kaffeapparaten	chefen	husdjur: hundar/katter/fåglar/kaniner
vädret	en bok/film	ett teveprogram
helgen	köpa hus/lägenhet	semestern

FÖR ATT BÖRJA ETT SAMTAL
Du …/Hör ni …

INTRODUCERA ETT ÄMNE
Har du/ni hört om …
Du förresten …
Vad tycker/tyckte du/ni om …

NÄR DET BLIR TYST
Mmm …/Jodå …

FÖR ATT AVSLUTA
Mmm …
Ska vi?
Är det dags att jobba?

Till sist s 140

19 1

A Skriv rätt siffra vid varje kroppsdel.

1 en arm
2 ett öga
3 en navel
4 en midja
5 en häl
6 en hals
7 en nacke
8 ett knä
9 en vad
10 en mun
11 ett huvud
12 en rygg
13 en höft
14 en armbåge
15 ett ögonbryn
16 en fot
17 en näsa
18 ett finger
19 ett lår
20 en haka
21 en mage
22 en rumpa/en stjärt
23 ett bröst
24 ett öra
25 en hand
26 en axel
27 (ett) hår

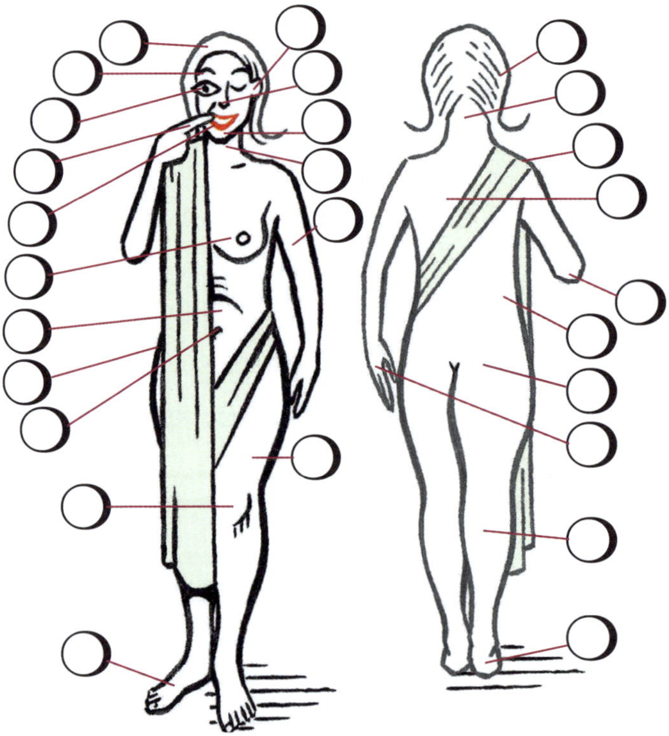

B Öva kroppsdelar. En säger till exempel: ”Peka på ett öra.” Den andra pekar på örat.

C Testa er själva eller tävla mot de andra i klassen. Rita en människa och skriv så många kroppsdelar ni kan (utan att titta i boken).

Hos doktorn

– Hej, jag heter Johan Lundman och är distrikts-
läkare här. Vad har du för besvär?
– Jo, det är så att jag ofta har ont i huvudet.
– Jaha. När började dina besvär?
– Jag har haft ont i huvudet till och från i flera
månader nu.
– Hmm. Tar du någon medicin?
– Ja, det gör jag. Jag brukar ta Ipren. Två, tre
tabletter om dagen ibland.
– Tycker du att tabletterna hjälper?
– Ja, det gör de.
– Sover du bra?
– Nja, så där. Ibland har jag svårt att somna på
kvällarna.
– Vad gör du då?
– Då ligger jag och läser en stund. Ibland går jag upp
och dricker en kopp te.
– Dricker du mycket kaffe och te?
– Nja, det gör jag inte. Ungefär 2–3 koppar om dagen.
– Röker du?
– Nej, det gör jag inte. Men jag snusar en hel del.
– Motionerar du?
– Ja, det gör jag. Jag brukar springa ett par gånger i veckan.
– Arbetar du?
– Ja, det gör jag. Jag är croupier på ett kasino.
– Är det inte ett stressigt arbete?
– Jo, det är det. Man måste vara superkoncentrerad hela tiden.
– Kan du koppla av när du är ledig då?
– Nej, det kan jag inte. På fritiden är jag hockeytränare.
Så det är fullt upp kan man säga.
– Hmm. Jag ska ta några prover på dig. Men jag misstänker att
huvudvärken beror på stress. Ska du ha semester snart?
– Ja, det ska jag. Om två veckor ska jag resa till Maldiverna och dyka.
– Det låter bra. Vänta till efter semestern och se om huvudvärken
blir bättre. Om den inte blir bättre kan du komma tillbaka.

Ö s 146–147

– Motionerar du?	– Ja, det gör jag. (= Ja, jag motionerar.)
– Dricker du mycket kaffe?	– Nej, det gör jag inte. (= Nej, jag dricker inte mycket kaffe.)
– Ska du ha semester snart?	– Ja, det ska jag. (= Ja, jag ska ha semester snart.)

KORTSVAR

– Är det inte ett stressigt arbete?
– Jo, det är det.

Positivt svar på negativ fråga: Jo

2

A Intervjua varandra. Ställ ja/nej-frågor. Svara med kortsvar.

Exempel:
– Röker du? – Ja, det gör jag./– Nej, det gör jag inte.
– Arbetar du? – Ja, det gör jag./– Nej, det gör jag inte.
– Kan du prata kinesiska? – Ja, det kan jag./– Nej, det kan jag inte.

				HJÄLPVERB är/har ... gör		
Ja/jo/nej	+	det	+		+	(inte)

B Sitt i grupper om tre eller fyra personer. En i gruppen tänker på en person. De andra ska ställa ja/nej-frågor om personen och sedan gissa vem det är.

Exempel:

- Är det en man? – Nej, det är det inte.
- Lever hon? – Ja, det gör hon.
- Är hon politiker? – Nej, det är hon inte.

en politiker	en musiker
en idrottsman	en kändis
en skådespelare	en författare
en kunglighet	en seriefigur
en hjälte	en vetenskapsman

C Tänk på en person som inte längre lever. Fråga och svara i preteritum.

Ö s 147–148

Studietips

Ha alltid med dig en liten anteckningsbok. Skriv upp nya ord och uttryck.

Jag tar två tabletter om dagen.
Jag springer ett par gånger i veckan.

Frekvens: Hur ofta ...?

3

Intervjua varandra. Svara: ... gång(er) i/om ... .

Exempel:

Hur ofta dricker du kaffe?
Hur ofta gäspar du?
Hur ofta tänker du på...?
Hur ofta lyssnar du på svensk musik?
Hur ofta gör du läxorna?
Hur ofta städar du badrummet?
Hur ofta blir du arg?

Ö s 148–149

4

A Kombinera fraserna och dra streck.

1 Mår du illa?
2 Jag har feber, så jag måste nog gå hem.
3 Gör det ont här?
4 Hur mår du?
5 Jag är alldeles yr.
6 Usch, jag har så ont i huvudet.
7 Har du feber?
8 Jag har så ont i en tand.
9 Har du ringt vårdcentralen?

a Sätt dig i soffan och vila lite.
b Ja, lite. 38,0.
c Ja, jag tror att jag måste kräkas.
d Oj då. Du kanske ska gå till tandläkaren?
e Sådär. Jag har lite ont i magen.
f Ja, men det var upptaget hela tiden.
g Stackare. Krya på dig!
h Här, ta en huvudvärkstablett.
i Aj! Ja, det gör jätteont!

B Gå till doktorn. En person agerar läkare, den andra är patient. Patienten väljer ett eller flera symptom. Läkaren ställer frågor och ger patienten en diagnos och råd.

> Jag har ont i .../Det gör ont i …
> Jag känner mig …
> Jag mår illa./Jag känner mig yr./Jag svettas mycket./
> Det är svårt att andas./Jag har feber./Jag är förkyld./
> Jag har hosta.

C Berätta för resten av klassen om läkarbesöket.

Ö s 150

D Läs igenom meningarna här nedanför. Lyssna sedan på cd:n och kryssa för rätt alternativ.

1 Martin har
- ☐ ont i kroppen och i halsen.
- ☐ ont i huvudet och halsen.
- ☐ ont i huvudet och magen.

2 Martin tror att han har
- ☐ en förkylning.
- ☐ en hjärntumör.
- ☐ migrän.

3 Martin vill att Madeleine ska hämta
- ☐ boken Hemmadoktorn.
- ☐ febertermometern.
- ☐ hostmedicin.

4 Madeleine
- ☐ vill gärna hjälpa Martin.
- ☐ tycker synd om Martin.
- ☐ är lite irriterad på Martin.

5 Martin har
- ☐ 36,2 grader.
- ☐ 36,7 grader.
- ☐ 36,9 grader.

6 Martin går … till doktorn.
- ☐ aldrig
- ☐ ofta
- ☐ sällan

Annika Sundberg är kurator och livscoach i tidningen **NÄRA DIG**.
Skriv till Annika och fråga om livet, identitet och relationer.

"ALLA STIRRAR PÅ MIN NÄSA"

Annika:
Du ska tänka att du är en underbar människa.

Kära Annika Sundberg,

Jag har ett problem. När jag tittar mig i spegeln ser jag bara en jättestor näsa. Mina ögon är ganska fina, men ingen ser dem eftersom alla stirrar på min näsa. Trots att mina vänner säger att jag ser bra ut, känner jag mig så ful. Kära Annika, vad ska jag göra?

"Desperat tjej"

Kära "Desperat tjej",
Du skriver att du har en jättestor näsa. Jag undrar om din näsa är så stor egentligen. Är det inte bara du själv som tycker att den är stor? Även om din näsa är en aning stor har du fina ögon. Mitt råd är att du ska sluta tänka på storleken på din näsa och i stället vara glad för dina vackra ögon. Innan du går och lägger dig på kvällen ska du tänka att du är en underbar människa. Medan du sover kan mirakel hända …

Lycka till!

Vänligen
Annika

5

A Skriv till Annika Sundberg och berätta om ett problem. Använd din fantasi.

B Byt brev med den som sitter bredvid dig. Skriv ett svar på problemet.

C Läs upp svaren för varandra eller för hela klassen.

Trots att mina vänner säger att jag ser bra ut, känner jag mig så ful.

Även om din näsa är en aning stor har du fina ögon.

Innan du går och lägger dig på kvällen ska du tänka att du är en underbar människa.

Medan du sover kan mirakel hända …

Subjunktioner

6

Välj subjunktioner ur rutan och skriv dem där de passar in.

trots att   även om   innan   medan

Jag ska berätta vad jag gjorde i morse. Jag duschade ______________ (1) jag åt frukost. ______________ (2) jag åt frukost lyssnade jag på radio. ______________ (3) jag hade lite feber, klädde jag på mig och cyklade till jobbet. Jag cyklar alltid, ______________ (4) det regnar.

Ö s 150–151

Till sist s 152

20

1

A Kombinera rubrik och underrubrik. Dra streck.

1 Mirakel	a "Vi är nöjda med oavgjort"
2 Räntan går upp	b Öl i stället för vatten
3 Äkta tavla var falsk	c Många jobb för ekonomer
4 Seriekrock på E6	d Skandal på auktionshuset
5 Arbetslösheten går ner	e Så gör du med bostadslånen
6 1–1 mellan DIF och AIK	f Nu reser jag bort!
7 Arbetslös vann på Lotto	g 10 skadade

B Prova att läsa utan ordbok. Du behöver inte förstå allt.

1 ______________________________

I går meddelade Riksbanken att man höjer räntan med 1 procent. Olof Svensson, chefsekonom, på Odenbanken säger att han inte är förvånad.

– Vi har väntat länge på en höjning. Räntan har varit så låg.

För den som har lån på lägenhet eller villa är det en viktig nyhet. Lånen blir förstås dyrare. Bör man binda lånen?

– Den som har små marginaler bör kanske göra det, säger Linda Lindgren på Stockholmsbanken.

2 ______________________________

I går inträffade en trafikolycka på E6:an mellan Malmö och Vellinge. En bilist körde in i bilen framför och en seriekrock blev resultatet. Totalt 10 bilar krockade. Ingen person blev allvarligt skadad.

3 ______________________________

Enligt siffror från AMS sjunker arbetslösheten. I dag är 23 567 personer färre arbetslösa än samma tid förra året. Speciellt för ekonomer ser framtiden ljus ut. I gruppen civilekonomer är bara 3 procent arbetslösa.

4 ______________________________

En mycket glad man från Arvika är på väg till Bahamas. Gunnar Andersson har aldrig tidigare vunnit på Lotto, men i går hände det. Gunnar vann storvinsten – 3 miljoner kronor. Pengarna ska han använda till att betala lån och till att köpa en ny bil. Frågan är om han kommer att söka jobb efter resan.

– Nej, nu ska jag ta det lugnt och vara med mina barnbarn, säger Gunnar.

5 ______________________________

Matchen mellan DIF och AIK började bra. DIF gick ut hårt och gjorde mål efter bara tre minuter. AIK kontrade 19 minuter in i matchen. Efter det hände inte mycket. Trots bra publikstöd slutade matchen oavgjort.

6 ______________________________

I lördags sålde man en tavla för 1,5 miljoner på auktionshuset i Uppsala. Enligt katalogen var det en äkta Zorn. Ägarna hade köpt tavlan av Zorns barnbarn. Köparen var mycket nöjd, men i måndags meddelade en expert på Nationalmuseet att tavlan inte är av Zorn. Nu tänker köparen stämma auktionshuset.

7 ______________________________

I går kväll hände något mycket konstigt hos Ulla-Britt Olsson i Lidköping. När hon vred på kranen kom öl i stället för vatten.

– Jag trodde jag var i himlen, säger hon.

Ulla-Britt har en pub som granne. Ingen vet riktigt hur detta kunde hända, men kanske hade någon kopplat slangarna fel. I dag är vattnet tillbaka i kranarna i Lidköping.

C Skriv rätt rubrik på artiklarna. Välj bland rubrikerna från A.

D Läs artiklarna igen. Använd en ordbok och slå upp de ord du inte förstår.

E Titta på en tidningssida eller på en dagstidning på Internet. Vad förstår ni?

2

A Välj en av bilderna och fundera tillsammans: Vad har hänt?

B Välj en rubrik. Skriv sedan en nyhetsnotis tillsammans om en av bilderna.

C Läs upp notisen för ett annat par.

3

A Kombinera ord och fraser. Dra streck.

1 demonstrerar
2 en byggnad
3 renoverar
4 märker
5 bevisar
6 en risk
7 drabbas
8 (en) ränta
9 (en) arbetslöshet

a pengar som man betalar till banken för att låna pengar
b möjlighet att något farligt händer
c hur många som inte har jobb
d får problem med något
e t ex ett hus, ett slott, en kyrka
f ser eller hör något
g visar att man är nöjd eller missnöjd med något
h visar att något är sant
i lagar och gör i ordning, t ex ett gammalt hus

B Läs meningarna. Lyssna sedan flera gånger på nyheterna och kryssa för rätt alternativ.

Nyhet 1
- ☐ Ny restaurang är mycket populär.
- ☐ Man ska renovera en gammal restaurang.
- ☐ Man ska riva en gammal restaurang.

Nyhet 2
- ☐ Banktjänsteman stal pengar från kunder.
- ☐ Pistolman rånade banken.
- ☐ Ny bank öppnar på Odengatan.

Nyhet 3
- ☐ Alla bör dricka en flaska vin om dagen.
- ☐ Alkoholisterna blir fler och fler.
- ☐ Vin är bra för hälsan.

C Lyssna på ekonominyheterna. Skriv sedan de siffror du hör.

1 Börsen har gått upp _______ %

2 Euron står i _______

3 Dollarn står i _______

4 Räntan ligger på _______ %

5 Arbetslösheten ligger på _______ %

6 Inflationen ligger på _______ %

D Lyssna på vädret. Kryssa för rätt alternativ.

I KVÄLL

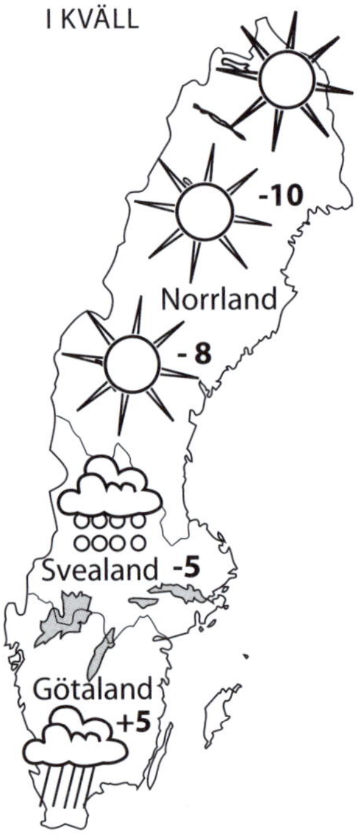

1 ☐

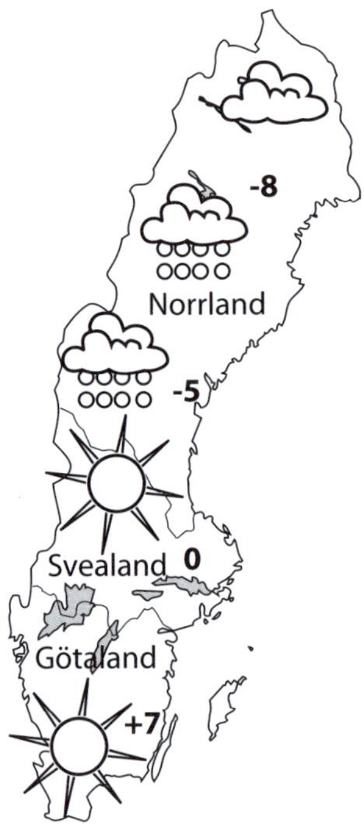

2 ☐

3 ☐

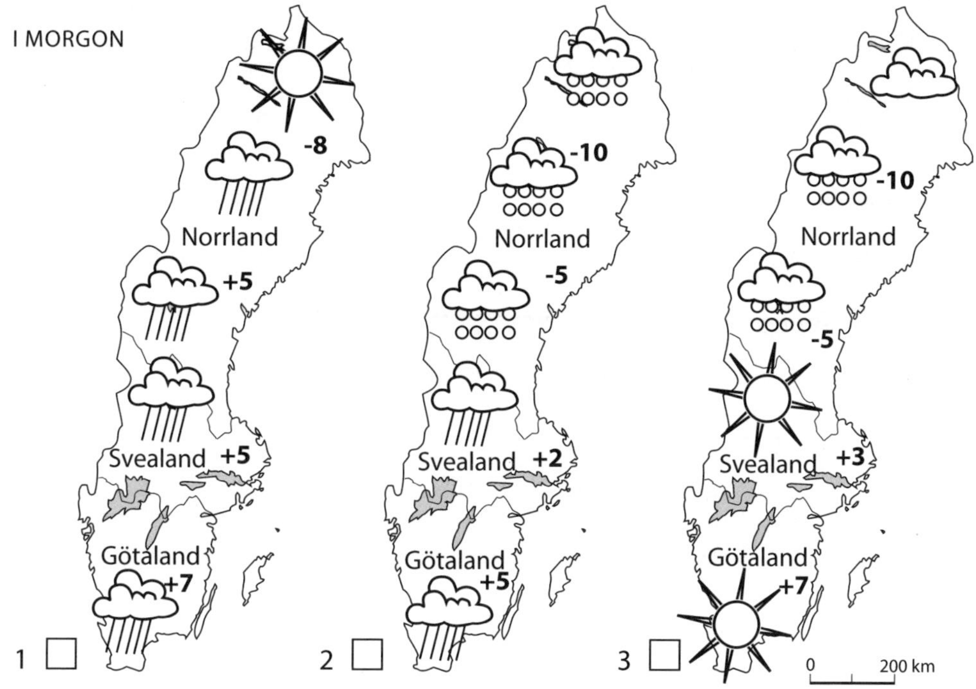

E Lyssna igen på nyhet 1–3! Skriv de ord som fattas (1–3 ord per lucka).

Nyheterna, Godkväll, Rubrikerna i dagens nyheter, Restaurang ska rivas, Skandal på Odenbanken, Vin för hälsan, Ekonominyheter, Vädret.

I går demonstrerade cirka ______________ (1) i Småstad mot att restaurang Monopol i centrum ska rivas. Byggnaden är från 1870 och enligt kulturhistoriker ______________________ (2). Här har många ______________ (3), både från Sverige och världen ätit, druckit och roat sig. Men nu verkar det tyvärr som att den ______________________ (4) Företaget som äger restaurangen, Invest AB, ______________________ (5) att restaurangen måste renoveras. Det blir ______________ (6) så i stället väljer man att riva och bygga nytt. (7)

En namninsamling ______________ för att rä(8)dda den gamla restaurangen. Men Ulf Berg på Invest AB säger att de inte ______________ ändra sig:

– Restaurangen är för gammal och ____________ 9 . Det kostar för mycket att renovera helt enkelt.

Kunderna på Odenbanken är ____________ 10 . En person som jobbar på banken ____________ 11 från kundernas konton till sitt eget, på Bahamas. Detta har pågått ____________ 12 flera år. Mannen förde över små belopp (10 eller 20 kronor) från ____________ 13 för att ingen skulle märka något. Totalt har han tagit ____________ 14 kronor. Han riskerar upp till ____________ 15 fängelse. Nyheterna har talat med ____________ 16 .

– Ja, från mitt konto verkar han inte ha tagit nåt, men man vet ju aldrig. Men blir orolig i alla fall. Kanske är det bättre att ha pengarna i madrassen.

Nu är det bevisat. Ett glas vin ____________ 17 är bra för hjärtat. Enligt ____________ 18 studie löper vinkonsumenter 20 % mindre risk att drabbas av hjärtsjukdomar.

Eva Nilsson på Sahlgrenska ____________ 19 i Göteborg:
– Vi har undersökt ____________ 20 personer under en 10-årsperiod. Vin skyddar men vi vet inte ____________ 21 . Kanske ____________ 22 antioxidanterna i vinet.

– Kan ni rekommendera folk ____________ 23 vin?

– Nej, faktiskt inte. Vin har så många ____________ 24 , så någon generell rekommendation vill vi inte gå ut med.

Ö s 153–160

Uttal

ALFABETET

A [aaa]	**I** [iii^{j}]	**Q** [kuuu]	**Y** [yyy^{j}]
B [beee]	**J** [jiii^{j}]	**R** [errr]	**Z** [säääta]
C [seee]	**K** [kååå]	**S** [esss]	**Å** [ååå]
D [deee]	**L** [elll]	**T** [teee]	**Ä** [äää]
E [eee]	**M** [emmm]	**U** [uuu^{w}]	**Ö** [ööö]
F [efff]	**N** [ennn]	**V** [veee]	
G [geee]	**O** [ooo^{w}]	**W** [dubbbelveee]	
H [hååå]	**P** [peee]	**X** [ekkks]	

ORD

En *mening* börjar med stor bokstav och slutar med punkt.
Viktiga ord med lång konsonant eller vokal har *betoning*.
A, b, c osv är *bokstäver*.
Ett *fonem* är ett språkljud.
A, e, i, o, u, y, å, ä och ö är *vokaler*.
B, c ,d, f, g, h, j, k, l, m, n, p, q, r, s, t, v, w, x och z är *konsonanter*.
Ordet *'stavelse'* har tre stavelser: STA-VEL-SE.

Regel 1: I en mening har viktiga ord betoning.
Exempel: Hej hur mår du?

Regel 2: Ord med betoning har lång vokal eller lång konsonant.
Exempel: hej [hejjj], mår [mååår]

Regel 3: Vi uttalar inte alla bokstäver.
Exempel: Hej, hur mår du? [hejjj hu måååå ʳu]

Regel 4: Melodin går upp eller ner på lång konsonant eller vokal.
Exempel: Hur mår du? Hur är läget?

Regel 5: Melodin går ner i slutet av en mening (också frågor).
Exempel: Hur mår du? Bara bra, tack.

1 Satsbetoning

I en mening har viktiga ord betoning.

Exempel 1: – Hej, hur mår du? – Bara bra, tack! Och du? – Jo tack, det är bra!

	SUBSTANTIV + VERB	PRONOMEN + VERB
Exempel 2:	Peter studerar.	Han studerar.
	VERB	VERB + OBJEKT
Exempel 3:	Han studerar.	Han studerar biologi.
	FÖRNAMN	FÖRNAMN + EFTERNAMN
Exempel 4:	Han heter Peter.	Han heter Peter Svensson.

OBS!

Ordet 'inte' har inte betoning

Exempel 5: Han studerar inte biologi.

Öva satsbetoning i övningsdialogerna på s 216.

2 Ordbetoning

Svenska och internationella ord

Tendens:

Svenska ord har lång konsonant eller vokal i början (första stavelsen).

Exempel 1: läkare [lääå-ka-re]

Internationella ord har lång konsonant eller vokal i slutet (sista stavelsen).

Exempel 2: biolog [bi-o-låååg]

A Lyssna. Stryk under lång vokal eller konsonant.

1 svenska ord	2 internationella ord
läkare	biolog
lärare	ekonom
läser	kemist
jobbar	polis
	psykolog

B Titta på orden. Vilka är svenska och vilka är internationella?

en advokat	en biljett	en familj	en fotograf	en flicka
en kompis	en pojke	ett program	(en) forskning	

C Lyssna. Stryk under lång vokal eller konsonant.

en advokat en biljett en familj en fotograf en flicka
en kompis en pojke ett program (en) forskning

Ord som börjar med be- och för- har lång vokal/konsonant i andra (2:a) stavelsen.
Exempel 3: betalar [betaaalar] förkyld [förtjyyyld]

D Lyssna. Stryk under lång vokal eller lång konsonant.

behöver berättar förlåt förälder

Sammansatta ord

Sammansatta ord har två (2) långa ljud.
Exempel 4: flickvän [flikkkvännn], sjuksköterska [sjuuuksjöööterska], tandläkare [tannndläääkare], dataspel [daaataspeeel]

E Gör en ring runt sammansatta ord.

brevbärare banan bussbiljett universitet mobiltelefon nyckel
busschaufför journalist ordbok trevlig tuggummi väska

F Lyssna. Vilka ljud är långa?

brevbärare banan bussbiljett universitet mobiltelefon nyckel
busschaufför journalist ordbok trevlig tuggummi väska

3 Reduktioner och assimilationer

Reduktioner

Vi uttalar inte alla bokstäver.
Vi uttalar h i betonade ord. Vi uttalar h i början av meningen.
Exempel 1: Han heter Hans. Hans har ett hus.

A När uttalar vi h? Lyssna och markera.

1 Vad heter hon? Hon heter Helen.

2 Har Helen en hund? Ja, hon har en hund. Hunden heter Holger.

Vi uttalar finalt r bara före vokal.

Exempel 2: Jag bor‿i Stockholm. (r + vokal)
Jag bo~~r~~ på Storgatan. (r + konsonant)

B När uttalar vi r? Lyssna och markera.

1 Vad studerar Eva? Hon studerar kemi.

2 Vad studerar Peter? Han studerar ekonomi.

D blir r efter vokal i obetonat ord.

Exempel 3: Vad sa ~~d~~u? (obetonat) (r written above d)
Vad sa (du)? (betonat)
Kan du komma? (efter konsonant)

C När uttalar vi d som r? Lyssna och markera.

1 Hur mår du? Hur är det? Jobbar du? Vad har du för yrke?

2 Var det bra så? Har du 1 och 50? Då blir det 30 kronor tillbaka.

Adjektiv som slutar på -ig

Exempel 4: roli~~g~~, roli~~g~~t, roli~~g~~a
trevli~~g~~, trevli~~g~~t, trevli~~g~~a

D Hur uttalar vi ord med -ig? Lyssna och markera.

Vad tråkigt! Vad dåligt! aldrig hungrig

Ord som slutar på -skt

Exempel 5: engelsk, engels~~k~~t
italiensk, italiens~~k~~t
faktis~~k~~t

E Hur uttalar vi ord med -skt? Lyssna och markera.

grekisk, grekiskt indisk, indiskt

japansk, japanskt kinesisk, kinesiskt

Många ord med dag

Exempel 6: måndag/ tisdag/ onsdag/...
eftermiddag/

F Hur uttalar vi ord med dag? Lyssna och markera.

torsdag   i dag   förmiddag   fredag   middag

Verb som slutar på -ar (grupp 1)

Exempel 7: Jag jobbar/, Jag jobbade/, Jag har jobbat/

G Hur uttalar vi verb som slutar på -ar (grupp 1)? Lyssna och markera.

1 Jobbade du i går? Ja, jag jobbade i går.

2 Har du arbetat i dag? Nej, men jag arbetade i går.

VANLIGA REDUKTIONER OCH FÖRÄNDRINGAR

att [å] + infinitiv MEN	sedan [sennn]	tidning [tining]
att [at] + bisats	är [e]	morgon [morron]
vad [va]	jag [ja]	världen [värden]
var [va]	det [de/re*]	ledsen [lessen]
hur [hu]	de/dem [dåm/råm*]	tjugo [tjugi, tjuge]
vilken/t/a [viken/t/a]	mig [mej] dig [dej] sig [sej]	tjugoett, tjugotvå [tjuett, tjutfå]]
till [ti]	någon [nån] något [nåt]	trettio [tretti]
vid [vi]	några [nåra]	fyrtio [förti]
med [me]	mycket [mycke]	femtio [femti]
bredvid [brevi]	alltid [allti]	
och [å]	aldrig [aldri]	

* se Reduktioner 3 C

Assimilationer

Tonande + tonlös = tonlös

Exempel 8:

Tonande	b	d	g	v
	↕			
Tonlös	p	t	k	f
	obs	tisdag	utgång	svenska
	[opppbs]	[tiiistda]	[uuutkgång]	[sfvennska]

H Hur uttalar vi b, d, g och v? Lyssna och markera.

1 B	2 D	3 G	4 V
skateboard	onsdag	läppglans	två
substantiv	torsdag	Hur dags?	aktivt
köttbullar	stadshus		kväll
			kvart
			svara
			svensk
			kvinna

Rt, rd, rl, rn och rs uttalar vi som ett ljud.

Exempel 9: ord sport förlåt barn person

I Hur uttalar vi rd, rt, rl, rn och rs? Lyssna och markera.

1 RD	2 RT	3 RL	4 RN	5 RS
ord	sport	förlåt	barn	person
trädgård	karta		gärna	kurs
lördag	kvart		vintern	förstå
	partner		bearnaisessås	universitet
	starta		frågorna	forskning
			internet	torsdag
				kassörska
				varsågod

Samma uttal också mellan ord.

Exempel 10: Var studerar du?

J Lyssna och markera rs, rn och rl mellan ord.

Vi säger så. Jag går nu. Var bor ni? Hon talar lite grekiska.

Vi uttalar n som ng före k (och g).

Exempel 11: Frankrike, telefonkort, bank, skinka

Vi uttalar g som ng före n.

Exempel 12: lugn, Magnus, regnar

4 Accent 1 och 2

Melodin går upp (accent 1) eller ner (accent 2) på långt ljud.

Exempel 1: Hur mår du? Hur är läget?

Accent 1 — mår

Accent 2 — läget

A Lyssna och markera accent 1 och 2 på orden 'börja', 'ringa' och 'läsa'.

1 Börja!	Jag börjar nu.	Jag började i går.	Jag har börjat.
2 Ring mig!	Kan du ringa mig?	Jag ringer.	Jag ringde.
3 Läs den!	Kan du läsa?	Jag läser den.	Jag läste den.

Sammansatta ord har en variant av accent 2. Melodin går ner på första långa ljudet. Melodin går upp på andra långa ljudet.

Exempel 2: flickvän, sjuksköterska, tandläkare, dataspel

B Lyssna. Vilka ljud är långa? Rita in melodin.

brevbärare	bussbiljett	mobiltelefon
busschaufför	ordbok	tuggummi

5 Satsmelodi

Melodin går ner i slutet av en mening (också frågor).

Exempel 1: – Hur mår du? – Bara bra, tack.

Lyssna och markera melodin i slutet av frasen.

Talar du svenska?	Jag talar svenska.
Kommer du från Italien?	Jag kommer från Italien.
Jobbar du i Sverige?	Jag jobbar i Sverige.
Bor du i Malmö?	Jag bor i Malmö.

6 Vokaler

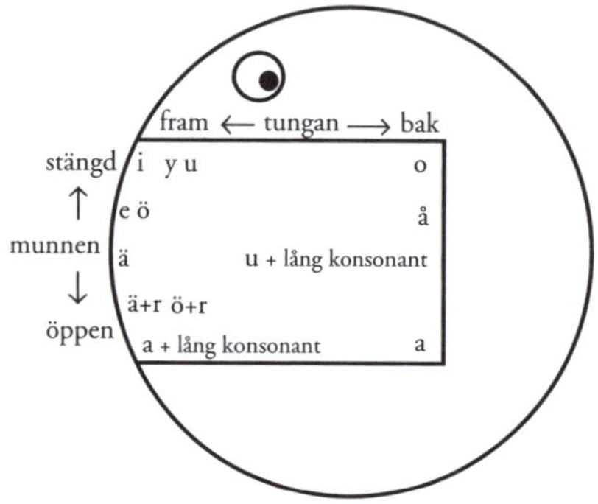

Vokalerna i, e och ä

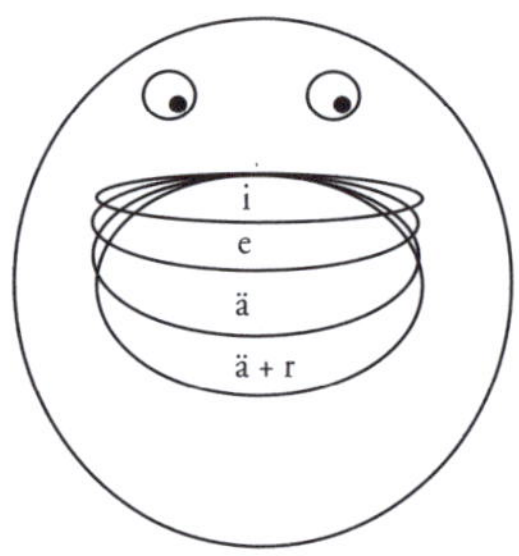

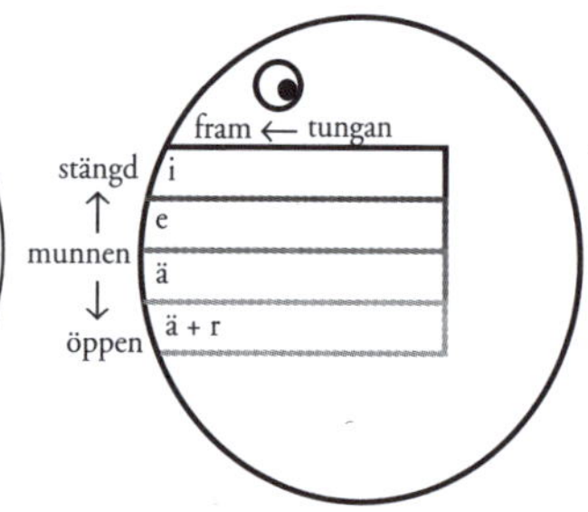

A Lyssna och imitera.

I	E	Ä	Ä + R
apelsin	brevbärare	läget	brevbärare
bil	Emil	läkare	lärare
bio	Erik		här
			päron

I + LÅNG KONSONANT	E OCH Ä + LÅNG KONSONANT (samma ljud)	Ä + RR
middag	pengar	tyvärr
gift	träffar	
Niklas	väska	

B Vad hör du? I, e eller ä?

G__vle	__slöv	Sandv__ken
Storl__en	Kr__kånger	Bolln__s
Högan__s	__ksjö	__nköping

Vokalerna i och y

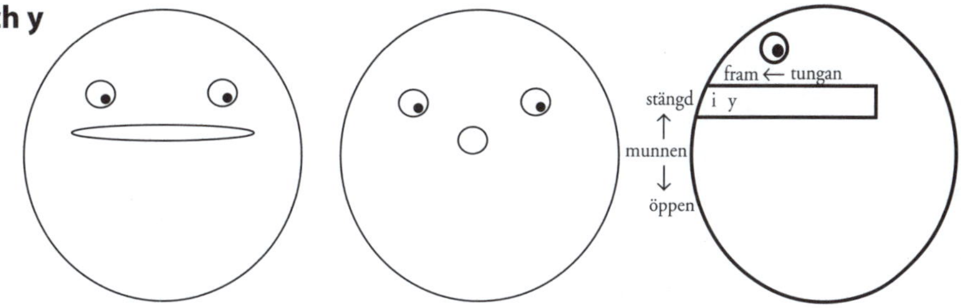

i y

C Lyssna och imitera.

Y	I	Y + LÅNG KONSONANT	I + LÅNG KONSONANT
flygbiljett	fin	tycker	middag
fyra	Isak	mycket	gift
förkyld	ekonomi	nyckel	Niklas
		Vad synd!	

D Vad hör du? I eller y?

T__ra N__lsson

__van __varsson

__ngve Tr__gg

__ngvar N__ström

S__lvia N__man

__ngrid K__lman

Vokalen u

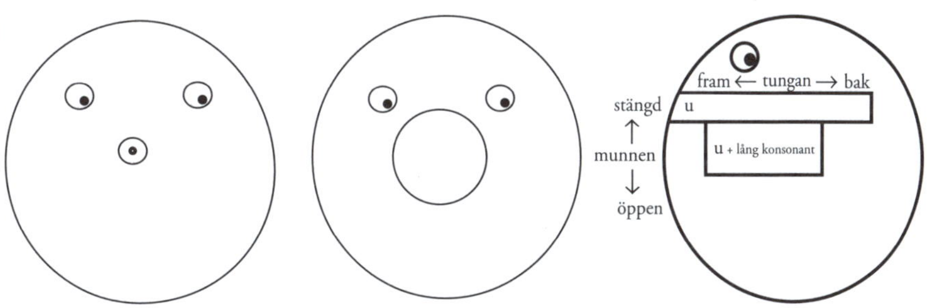

u u + lång konsonant

E Lyssna och imitera.

U		U + LÅNG KONSONANT	
slutar	tjugo	hungrig	hundra
hus	fru	lunch	frukost
sju	kul	sjutton	kurs

F Vad hör du här? Y eller u?

G__n L__ndmark

__ngve T_resson

T__ra N__ström

T__re Bergl__nd

S__lvia S__ndgren

S__ne R__ndman

R__t G__stavsson

G Vad hör du? I, y eller u?

Svenska städer

___stad

___ppsala

S___ndsvall

L___sek___l

___meå

P___teå

L___nköping

L___nd

V___sb___

Vokalerna e och ö

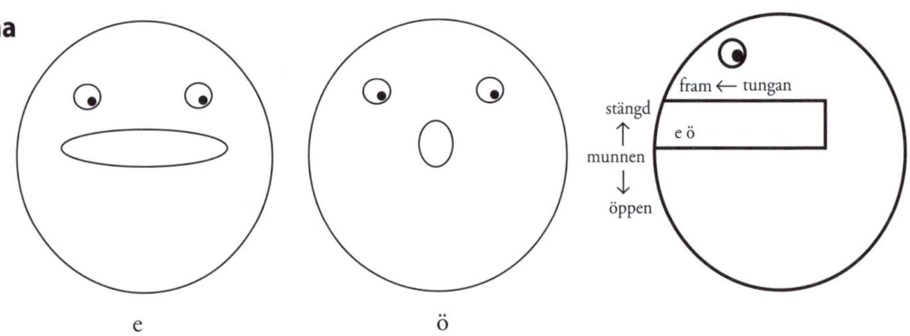

H Lyssna och imitera.

E	Ö	Ö + R
brevbärare	köp	ingenjör
Emil	lök	hör
Erik		servitör

E + LÅNG KONSONANT	Ö + LÅNG KONSONANT	Ö + LÅNGT R (ibland som U + LÅNG KONSONANT)
pengar	nöje	dörr
Pelle	söndag	förra
hemma	trött	
	tröja	

I Vad hör du? E eller ö?

__lin	__ström	__sten	Fr__jd
G__ran	__k	L__na	__lund
__rika	__noksson	G__rel	__nglund

Vokalerna o, å och a

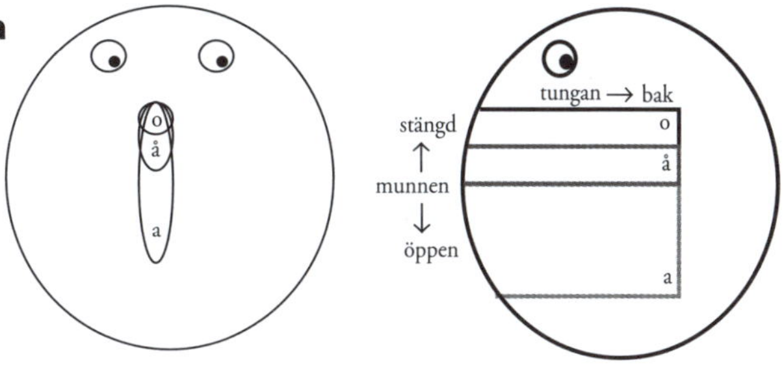

J Lyssna och imitera.

O	Å	A
bor	biolog	banan
bror	ekonom	radio
kronor	språk	teater
ord	två	dator
rolig	varifrån	

O + LÅNG KONSONANT	Å + LÅNG KONSONANT	A + LÅNG KONSONANT
mormor	klocka	hamburgare
onsdag	kock	kaffe
	dotter	taxi
	forskar	papper
	folk	arbetar
	åtta	

K Vad hör du? A, o eller å?

__rne __kesson	__dam B__dström
__la __ronsson	N__ra Th__ström
__ke J__hansson	M__rten __hl
T__re __kerlund	L__ve F__gelström
__sa Kl__sson	Kl__ra Th__rsson

Vokalen a

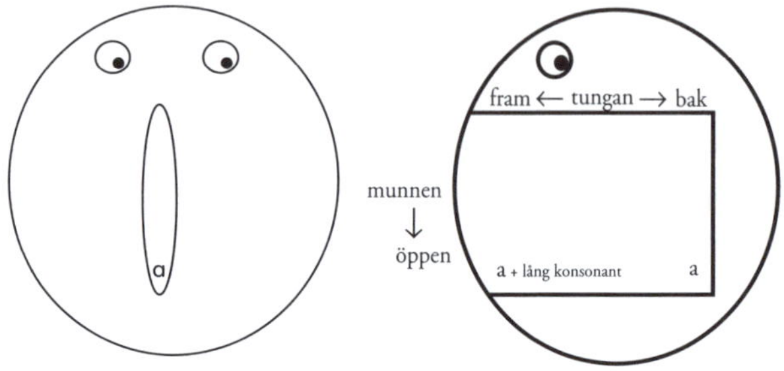

L Lyssna och imitera.

A		A + LÅNG KONSONANT	
banan	dator	hamburgare	papper
radio	talar	kaffe	arbetar
teater	Japan	taxi	sambo

7 Konsonanter

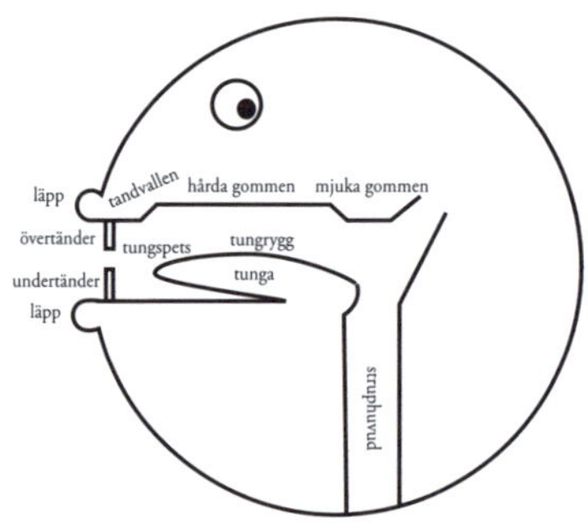

HUR\VAR	1	2	3	4	5	6	7
	LÄPP + LÄPP	LÄPP + TAND	TUNGSPETS + TAND	TUNGSPETS BAKOM TÄNDERNA	TUNGRYGG + HÅRDA GOMMEN	TUNGRYGG + MJUKA GOMMEN	HALSEN
TONLÖS	p	f	s t	rs rt	tj	k sj	h
TONANDE	b m	v	d l n	rd rl rn r	j	g ng	

Ng-ljudet

A Lyssna och imitera.

lång många ingenting servering
korsning ingen ringer restaurang
spårvagn Magnus
bank skinka Frankrike

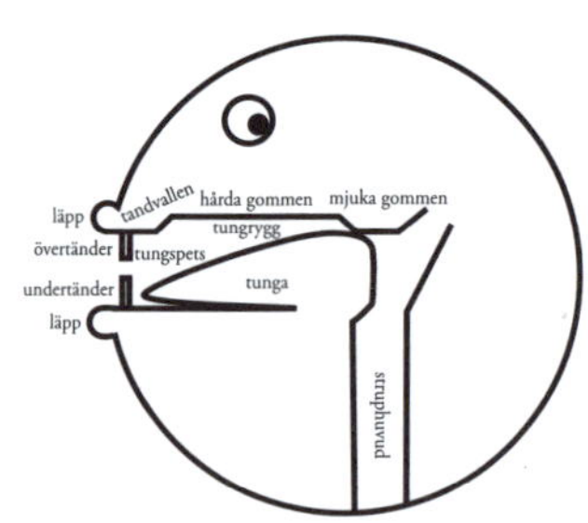

ng-ljudet

Tjugo-ljudet och sju-ljudet

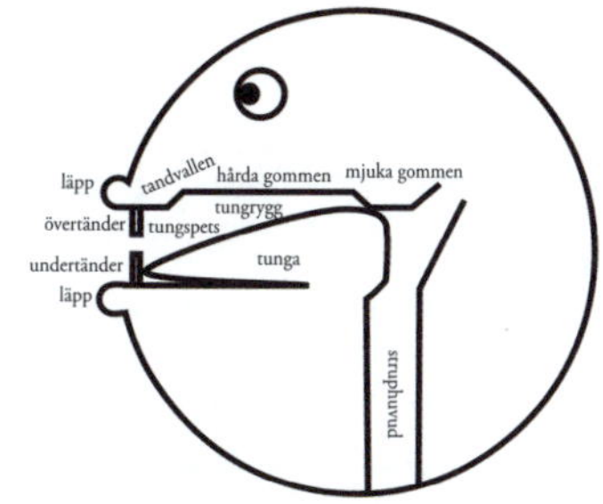

sju-ljudet (bakre)

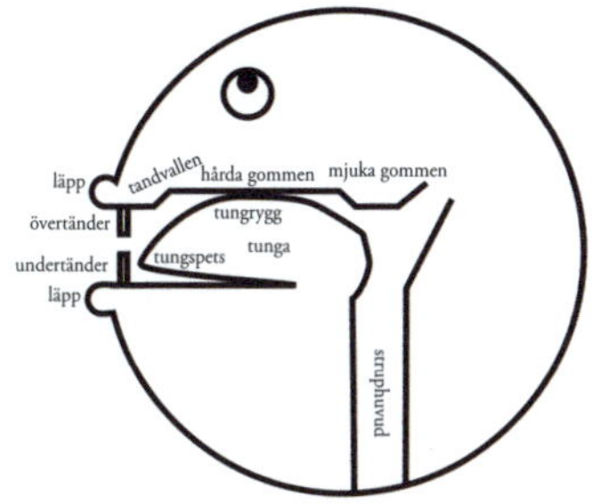

tjugo-ljudet

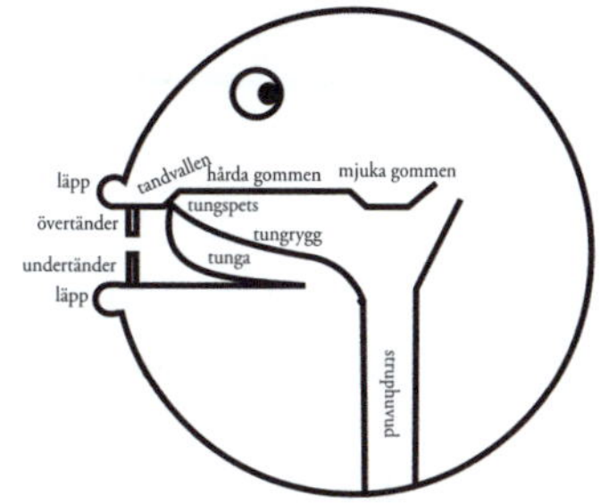

sju-ljudet (främre)

B Lyssna och imitera.

TJUGO-LJUDET		SJU-LJUDET	
tjugo	Kina	sju	skidor
tjena	kemi	skiner	chaufför

C Vilket ljud hör du, tjugo-ljudet eller sju-ljudet? Markera med kryss.

	TJUGO-LJUDET	SJU-LJUDET		TJUGO-LJUDET	SJU-LJUDET
1	☐	☐	6	☐	☐
2	☐	☐	7	☐	☐
3	☐	☐	8	☐	☐
4	☐	☐	9	☐	☐
5	☐	☐	10	☐	☐

8 Skriva och uttala

Hur skriver vi lång konsonant?

Lång konsonant = dubbel konsonant

Exempel 1: jobbar

A Lyssna och markera lång konsonant.

kaffe pluggar alla kommer finns
papper gitarr buss dotter

Lång konsonant = två olika konsonanter

Exempel 2: börjar

B Lyssna och markera lång konsonant.

dansar familj film fönster gurka

SPECIAL

K-ljudet: långt k skriver vi ck.

Exempel 3: tack

C Lyssna och markera lång konsonant.

dricker flickvän hockey klockan

J-ljudet: långt j skriver vi j.

Exempel 4: hej

D Lyssna och markera lång konsonant.

oj okej pojkvän tröja

M-ljudet: långt m skriver vi mm bara mellan vokaler.

Exempel 5: kom, komma

E Lyssna och markera lång konsonant.

vem blommor fem gammal gamla

Hur skriver vi sju-ljudet?

Oftast sk före e, i, y, ä och ö.

Exempel 6: kanske, skidor, skylt, skära, sjuksköterska

Andra sätt att skriva sju-ljudet.

Exempel 7: choklad, garage, giraff, journalist, schack, shoppa, sju, skjorta, diskussion, station, stjärna

Hur skriver vi tjugo-ljudet?

Vi skriver oftast k före e, i, y, ä, ö.

Exempel 8: kemi, Kina, kyrka, kär, kör

Andra sätt att skriva tjugo-ljudet.

Exempel 9: tjugo, Kjell, charter

Hur skriver vi j-ljudet?

Vi skriver j i många ord.

Exempel 10: ja, hej, jobba

Vi skriver oftast g före e, i, y, ä och ö

Exempel 11: ger, gitarr, gym, gärna, gör

SPECIAL

hj, dj, lj [j]

Exempel 12: hjälper, djur, ljud

rg [rj], lg [lj]

Exempel 13: Göteborg, hamburgare, Sankt Petersburg, torg, helg, älg

Hur skriver vi å-ljudet?

Vi skriver å-ljudet med å eller o.

Exempel 14: son, språk, dotter, åtta

Hur uttalar vi g, k och sk?

Exempel 15:

	+ A O U Å = HÅRT UTTAL	+ E I Y Ä Ö = MJUKT UTTAL
g	gammal, ganska, gata, god, gå, gurka	igen, gift, gillar, gitarr, gym, gärna, gäster, gör, Göteborg
k	kaffe, kan, kollega, kul, kund, kusin	kemi, kilo, kinesisk, förkyld, köp
sk	ska, skoj, sko, skulle	kanske, skidor, skylt, sköterska

Övningsdialoger

Lyssna och markera ord med betoning (regel 1), lång vokal eller konsonant (regel 2) och reduktioner och assimilationer (regel 3).

Kapitel 1

– Hej! Jag heter Akinori.
Vad heter du?
– Brian. Varifrån kommer du?
– Jag kommer från Japan. Och du?
Kommer du från USA?
– Nej, jag kommer från England.
– Jaha.
– Vad talar du för språk?
– Jag talar japanska, engelska och svenska. Du då?
– Jag talar bara engelska och lite svenska.

Kapitel 2

– Hej, hur mår du?
– Bara bra, tack! Och du?
– Jo tack, det är bra!

– Tjena, hur är läget?
– Det är lugnt! Själv?
– Jo då, helt okej.

– Allt väl?
– Ja, tack! Och själv?

– Hej, hur mår du?
– Så där! Jag är lite förkyld. Och du?
– Inte så bra. Jag är så trött.

Kapitel 3

– Vilken gata bor du på?
– På Drottninggatan.
– Vilket nummer?
– 68 (sextioåtta).

– Vad har du för telefonnummer?
– 0703-32 47 89 (noll sju noll tre trettitvå fyrtiosju åttionio).

– Morfar, är du gammal?
– Ojojoj, ja, jag är mycket gammal.
– Jamen, hur gammal är du?
100 (hundra)?
– Nej, så gammal är jag faktiskt inte.
Jag fyller 83 (åttiotre) i år.

Kapitel 4

I tunnelbanan
– (En biljett) till Stortorget, tack.
– Det blir 40 (fyrtio) kronor, tack.
– Tack, så mycket.

På bio
– En biljett till Vampyrer klockan nio, tack.
– Det blir 100 (hundra) kronor, tack.
– Tack.

På kafé
– En kopp kaffe och en bulle, tack.
– Den här?
– Nej, den där, tack.
– Det blir 25 (tjugofem) kronor för kaffet och 20 (tjugo) kronor för bullen. 45 (fyrtiofem) kronor, tack.

Kapitel 5

A Jag brukar träffa vänner.
Vi går ofta på teater eller konsert.
På tisdagar går jag alltid på vattengympa.
Jag går sällan på restaurang.
Jag äter ofta med vänner hemma.

B Jag brukar spela dataspel.
Ibland går jag på bio.
På söndagar tränar jag med min hund Apollo.

C Jag har inte mycket fritid.
Men jag brukar läsa tidningen och skriva e-post till mina kompisar.
På måndagar sjunger jag alltid i en kör.
Det är fantastiskt.

Kapitel 6

Lisa: Vad gör dina föräldrar?

Brian: De är pensionärer nu, men min pappa arbetade som trädgårdsmästare och min mamma forskade.

Lisa: Jaha, vad forskade hon i?

Brian: Biomedicin.

Lisa: Oj, vad spännande! Då kanske hon får Nobelpriset en dag?

Brian: Nja, jag vet inte. Men jag drömde ofta om att hon fick det, när jag var barn.

Lisa: Jobbade hon mycket?

Brian: Ja, ganska. Och på helgerna hjälpte hon alltid pappa med trädgården. Vi bodde i ett ganska litet hus men vi hade stor trädgård.

Kapitel 7

– Ursäkta, har ni lingonsylt?
– Ja, i hyllan med konserver, bredvid brödet.
– Tack.

– Har ni tidningar?
– Javisst. I hyllan vid kassan.

– Var det bra så?
– Nej. Ett paket cigaretter, en skraplott och ett paket saffran också, tack.
– Det blir 571 och 50 (femhundrasjuttioett och femtio).
– Här är 600 kronor (sexhundra).
– Har du 1 och 50 (en och femtio)?
– Ja, vänta lite. Här.
– Då blir det 30 (trettio) kronor tillbaka.

Kapitel 8

– Hej, jag skulle vilja boka ett bord den andra november klockan halv sju.
– Javisst, det går bra. Hur många personer?
– Fem.
– Hur var namnet?
– Svensson.
– Då är ni välkomna den andra november klockan halv sju.
– Tack för det.

Kapitel 9

Ulrika: Det är Ulrika.
John: Hej Ulrika, det är John, John från Internet.
Ulrika: Hej John. Vad kul! Är du i Stockholm nu?
John: Ja, det är jag. Jag vill gärna träffa dig.
Ulrika: Ja, absolut. I dag?
John: Hmm. Jag ska träffa Pia. Jag bor hos henne.
Ulrika: När ska du träffa henne, då?
John: Klockan fem i Gamla stan.
Ulrika: Okej, vill du träffas senare?
Jag och min pojkvän äter klockan sju ungefär.
Kan du inte komma hem till oss?
John: Jo, vad trevligt! Jag kommer gärna hem till er.

Kapitel 11

Anna är trött på att vara ensam.
Hon har haft pojkvänner men hon har aldrig varit sambo.
Hennes vänner har presenterat henne för olika singlar, men ingen har varit i Annas stil.
Förut gick hon ut på krogen med tjejkompisar, men nu har alla man och barn och sitter hemma på helgerna.
Tråkigt, tycker Anna!
Så, hur gör man?
Alla har olika idéer. En kompis sa att Anna borde köpa en hund.

Kapitel 12

Servitören: Välkomna. Hur många är ni?
Mona: Tre stycken.
Servitören: Har ni beställt bord?
Mona: Nej.
Servitören: Då måste ni tyvärr vänta.
Mona: Hur länge?
Servitören: En timme ungefär.
Servitören: Nu har vi ett ledigt bord. Varsågoda. Vill ni ha något att dricka?
Patrik: Ja, en flaska rödvin tack.

Servitören: Det röda är tyvärr slut, men vi har vitt vin.
Patrik: Då tar vi det.
Servitören: Att äta?
Mona: En stekt lax med ris och romsås, tack.
Sven: Jag tar biff med bearnaisesås och pommes frites, tack.

Kapitel 13

Fatoush har bott i Sverige i åtta år.
Hon har en svensk man, som heterTomas.
De har varit gifta i tolv år.
De flyttade till Sverige när Fatoush fick ett toppjobb på ett läkemedelsföretag i Göteborg.
Hon är mikrobiolog och har doktorerat på bakterier.
Hon älskar att studera bakterier!
Fatoush och Tomas har två barn, en son som är sju år och en dotter som är fem.
Tomas är översättare.
Det är bra, för han kan jobba hemifrån.
Han tar hand om allt hemma.
Fatoush jobbar ofta över så hon hinner inte göra så mycket av hushållsarbetet.

Kapitel 14

Berit: Vill ni inte komma ut till oss på landet?
Vi har ju inte träffat Brian än.
Sara: (ropar) Brian! Mamma undrar om vi inte vill komma ut till dem på landet.
Brian: Jo, gärna! När ska vi komma?
Sara: Han undrar när vi ska komma.
Berit: Kan ni komma på fredag kväll?
Då har vi hela helgen tillsammans.
Sara: (ropar) Hon undrar om vi kan komma på fredag kväll.
Brian: Nej, det passar inte så bra på fredag.
Då har vi fest på jobbet.
Kan vi komma på lördag istället?
Sara: Han säger att fredag inte passar så bra.
Han undrar om vi kan komma på lördag istället.
Berit: Ja, ni är välkomna på lördag.

Kapitel 15

Idén till Ishotellet föddes 1989.
Då gjorde japanska konstnärer en utställning med iskonst i Jukkasjärvi, 20 mil norr om polcirkeln.
Året efter hade en fransk konstnär vernissage i en igloo.
Några besökare sov över i igloon och de tyckte att det var fantastiskt.
Det var starten för Ishotellet.
Varje vår smälter Ishotellet sakta men säkert ner i Torne älv.
Och varje senhöst, i november, bygger man upp det igen.
Hotellet är på ca 5 000 (fem tusen) kvadratmeter.

Kapitel 16

Wei:	Du Daiva, vad ska du göra efter ditt år här i Sverige?
Daiva:	Jag ska fortsätta studera svenska i Vilnius. Jag är färdig med min examen om två år. Då ska jag söka jobb som översättare. Det blir skoj att jobba. Du då?
Wei:	Jag ska stanna här i Sverige. Jag vill forska. Jag ska söka till forskarutbildningen på Karolinska institutet. Du, då Kaspars?
Kaspars:	Jag åker tillbaka till Lettland nästa vecka.

Kapitel 17

Thomas:	Titta på det här huset, 114 (hundrafjorton) kvadratmeter, tre sovrum, nyrenoverat kök och stor trädgård med fruktträd. Det blir perfekt för barnbarnen. Huset ser fint ut, eller hur?
Gunilla:	Hmm. Vad kostar det?
Thomas:	Det står 3,8 (tre komma åtta miljoner) miljoner eller högstbjudande.
Gunilla:	Det låter dyrt.
Thomas:	Kanske, men det är billigare än lägenheten vi tittade på i går.
Gunilla:	Jodå, men den var ju större. Och du vet att det är dyrare att bo i villa än i lägenhet. Man måste ju betala en massa saker varje månad, olja och sophämtning till exempel.

Kapitel 18

(på mobiltelefon)
– Hallå!
– Hej, det är jag.
– Tjena.
– – –
– Då säger vi så.
– Ja, vi hörs.
– Hej då.
– Hej hej.

– Kalle.
– Hej, det är Berit.
– Nej, men hej Berit!
Det var längesen.
– – –
– Då så.
– Bra. Vi säger så.
– Hej då.
– Hej hej!

– Maria Nilsson, ekonomi-avdelningen.
– Hej Maria, det är Peter.
– Hej, Peter.
– Är Eva där?
– Ja, vänta lite.
Eva … det är Peter i telefon.
– Jag kommer!

Kapitel 19

– Hej, jag heter Johan Lundman och är distriktsläkare här.
Vad har du för besvär?
– Jo, det är så att jag ofta har ont i huvudet.
– Jaha. När började dina besvär?
– Jag har haft ont i huvudet till och från i flera månader nu.
– Hmm. Tar du någon medicin?
– Ja, det gör jag. Jag brukar ta Ipren.
Två, tre tabletter om dagen ibland.
– Tycker du att tabletterna hjälper?
– Ja, det gör de.
– Sover du bra?
– Nja, så där.
Ibland har jag svårt att somna på kvällarna.
– Vad gör du då?
– Då ligger jag och läser en stund. Ibland går jag upp och dricker en kopp te.

Grammatik

Räkneord

GRUNDTAL

0 noll [nålll]
1 en/ett [ennn/ettt]
2 två [tfvååå]
3 tre [treee]
4 fyra [fyyy^{j}ra]
5 fem [femmm]
6 sex [sekkks]
7 sju [sjuuu]
8 åtta [åttta]
9 nio [niii^{j}e]
10 tio [tiii^{j}e]
11 elva [elllva]
12 tolv [tålllv]
13 tretton [tretttån]
14 fjorton [fjooortån]
15 femton [femmmtån]
16 sexton [sekkkstån]
17 sjutton [sjutttån]
18 arton [aaartån]
19 nitton [nitttån]
20 tjugo [tjuuugi]
21 tjugoen [tjuennn]
22 tjugotvå [tjutfvååå]
30 trettio [trettti]
40 fyrtio [förttti]
50 femtio [femmmti]
60 sextio [sekkksti]
70 sjuttio [sjuttti]
80 åttio [åttti]
90 nittio [nittti]
100 hundra [hunnndra]
1000 ettusen [etttuuusen]
1000 000 en miljon [ennn miljooon]

ORDNINGSTAL

1:a första
2:a andra
3:e tredje
4:e fjärde
5:e femte
6:e sjätte
7:e sjunde
8:e åttonde
9:e nionde
10:e tionde
11:e elfte
12:e tolfte
13:e trettonde
14:e fjortonde
15: femtonde
16:e sextonde
17:e sjuttonde
18:e artonde
19:e nittonde
20:e tjugonde
21:a tjugoförsta
30:e trettionde
40:e fyrtionde
50:e femtionde
60:e sextionde
70:e sjuttionde
80:e åttionde
90:e nittionde
100:e hundrade
1000:e tusende

ÅRSTIDER OCH MÅNADER
vinter: december, januari, februari vår: mars, april, maj sommar: juni, juli, augusti höst: september, oktober, november

VECKODAGAR			
vardag	måndag tisdag onsdag torsdag fredag	helg	lördag söndag

Ordföljd

Huvudsats

FUNDA-MENT	VERB 1	SUB-JEKT	SATS-ADVERB	VERB 2–4	VERB-PARTIKEL	KOMPLEMENT	ADVERB
Sara	brukar		ofta	dricka		en kopp te	på kvällen.
På kvällen	brukar	Sara	ofta	dricka		en kopp te.	
Varför	har	du	inte	ringt		mig	i dag?
– – – *	Tycker	du			om	glass?	
Om du vill	kan	vi		gå			på restaurang i kväll.

* Ja/nej-fråga: inget i fundamentet

Konjunktioner (mellan ord eller satser av samma typ)

Eller (alternativ)

Ska vi gå på bio **eller** se en dvd hemma?

Men (kontrast)

Jag ringde i går **men** ingen svarade.

För (orsak)

Jag går hem nu **för** jag har feber.

Så (konsekvens)

Jag har feber **så** jag går hem nu.

Samordning med 'och' och 'men'

FUNDA-MENT	VERB	SUBJEKT		OCH/MEN	FUNDA-MENT	VERB	SUB-JEKT	
Jag	äter	– – –	frukost	och	– – –	läser	– – –	tidningen.
Jag	äter	– – –	frukost	och	sedan	läser	jag	tidningen.
Vi	studerar	– – –	mycket	men	– – –	har	– – –	också många fester.
Vi	studerar	– – –	mycket	men	nu	har	vi	också många fester.

Bisats

HUVUDSATS	BISATS				
HUVUDSATS	BISATS-INLEDARE/ SUBJUNKTION	SUBJEKT	SATSADVERB	VERB	
Mamma undrar	om	vi	inte	vill	komma ut till dem på landet.*
Brian undrar	när	vi	–	ska	komma.*
Brian säger	att	fredag	inte	passar	så bra.*
Vi ska inte bada	eftersom	det	inte	är	så varmt i dag.

* Indirekt tal

EXEMPEL PÅ SATSADVERB

inte	aldrig	sällan	tyvärr
alltid	ofta	gärna	

Subjunktioner (inleder en bisats)

När (tid/indirekt fråga)
Annette undrar **när** kursen börjar.

Medan (tid)
Irina lyssnar på musik **medan** hon studerar.

Innan (tid)
Jonas duschar **innan** han äter frukost.

Därför att*/eftersom (förklaring/orsak)
Jag går hem **eftersom/därför** att jag inte mår bra.

Även om (kontrast, "hypotes")
Jim springer varje dag **även om** det regnar.

Trots att (kontrast, "faktum")
Farfar är så pigg **trots att** han är 97 år.

Om (villkor/indirekt fråga)
Vi går till stranden om solen skiner.
Felipe frågar **om** det finns ett ledigt hotellrum.

* Därför att står inte först i en mening:

Eftersom det regnar stannar vi inne.

~~Därför att~~ det regnar stannar vi inne.

Frågeord

– **Vad** heter du?
– Maria.

– **Var** bor Annika?
– I Lund.

– **Varför** kom du inte till skolan i går?
– Jag var sjuk.

– **Varifrån** kommer Manuel?
– Från Barcelona.

– **Hur** länge har du bott i Sverige?
– I fem år.

– **Hur mycket** kostar kaffet?
– 20 kronor.

– **Hur många** invånare har Sverige?
– Ungefär nio miljoner.

– **Hur ofta** spelar du tennis?
– Två gånger i veckan.

– **Vart** ska du resa på semestern?
– Till Kroatien.

– **Vem** är det?
– Det är min syster.

– **Vems** bok är det här?
– Det är Karins.

– **Hur** säger man "dog" på svenska?
– "Hund".

– **När/vilken tid/hur dags** börjar filmen?
– Klockan sju.

– **Vilken** buss går till Stortorget?
– Buss nummer 62.

– **Vilket** år är du född?
– 1982.

– **Vilka** böcker ska vi läsa på kursen?
– Utvandrarna och Röda rummet.

Kortsvar

– Motionerar du?
– Ja, det gör jag. (= Ja, jag motionerar.)

– Dricker du mycket kaffe?
– Nej, det gör jag inte. (= Nej, jag dricker inte mycket kaffe.)

– Är det inte ett stressigt arbete?
– Jo, det är det. (= Ja, det är ett stressigt arbete.)

– Ska du ha semester snart?
– Ja, det ska jag. (= Ja, jag ska ha semester snart.)

JA/JO/NEJ	+	DET	+	HJÄLPVERB ÄR/HAR annars: GÖR	+	SUBJEKT	+	(INTE)

Verb

Verb grupp 1–3

VERBGRUPP	IMPERATIV	INFINITIV	PRESENS	PRETERITUM	SUPINUM
1	prata	prata	pratar	pratade	pratat
2a	ring	ringa	ringer	ringde	ringt
2b	köp	köpa	köper	köpte	köpt
3	bo	bo	bor	bodde	bott

SPECIAL imperativformen slutar på -r.

VERBGRUPP	IMPERATIV	INFINITIV	PRESENS	PRETERITUM	SUPINUM
2a	kör	köra	kör	körde	kört
	hyr	hyra	hyr	hyrde	hyrt

Verb grupp 4, it-verb

Grupp 4 är specialverb som slutar på -it i supinum.

IMPERATIV	INFINITIV	PRESENS	PRETERITUM	SUPINUM
i			**a**	**u**
bind	binda	binder	band	bundit
drick	dricka	dricker	drack	druckit
– – –	finnas	finns	fanns	funnits
– – –	hinna	hinner	hann	hunnit
sitt	sitta	sitter	satt	suttit
slipp	slippa	slipper	slapp	sluppit
spring	springa	springer	sprang	sprungit
vinn	vinna	vinner	vann	vunnit
i			**e**	**i**
beskriv	beskriva	beskriver	beskrev	beskrivit
bli	bli	blir	blev	blivit
driv	driva	driver	drev	drivit
rid	rida	rider	red	ridit
riv	riva	river	rev	rivit
skin	skina	skiner	sken	skinit
skrik	skrika	skriker	skrek	skrikit
skriv	skriva	skriver	skrev	skrivit
stig	stiga	stiger	steg	stigit
vrid	vrida	vrider	vred	vridit
u			**ö**	**u**
bjud	bjuda	bjuder	bjöd	bjudit
dammsug	dammsuga	dammsuger	dammsög	dammsugit
hugg	hugga	hugger	högg	huggit
sjung	sjunga	sjunger	sjöng	sjungit
sjunk	sjunka	sjunker	sjönk	sjunkit
skjut	skjuta	skjuter	sköt	skjutit
y			**ö**	**u**
bryt	bryta	bryter	bröt	brutit
flyg	flyga	flyger	flög	flugit
frys	frysa	fryser	frös	frusit
stryk	stryka	stryker	strök	strukit

a/å			**o**	**a**
dra	dra	drar	drog	dragit
slå	slå	slår	slog	slagit
ta	ta	tar	tog	tagit
å			**ä**	**å**
gråt	gråta	gråter	grät	gråtit
låt	låta	låter	lät	låtit
a/å			**ö**	**a/å**
fall	falla	faller	föll	fallit
håll	hålla	håller	höll	hållit
ä			**å**	**ä**
ät	äta	äter	åt	ätit
ä			**a**	**u**
stjäl	stjäla	stjäl	stal	stulit
o			**o**	**o**
försov	försova	försover	försov	försovit
kom	komma	kommer	kom	kommit
sov	sova	sover	sov	sovit
återkom	återkomma	återkommer	återkom	återkommit

Verb grupp 4, oregelbundna

unregelmäßig

IMPERATIV	INFINITIV	PRESENS	PRETERITUM	SUPINUM
be	be	ber	bad	bett
bestå	bestå	består	bestod	bestått
– – –	– – –	bör	borde	– – –
dö	dö	dör	dog	dött
fortsätt	fortsätta	fortsätter	fortsatte	fortsatt
– – –	få	får	fick	fått
förstå	förstå	förstår	förstod*	förstått
ge	ge	ger	gav	gett/givit
gå	gå	går	gick	gått
gör	göra	gör	gjorde	gjort
ha	ha	har	hade	haft
– – –	heta	heter	hette	hetat
– – –	kunna	kan	kunde	kunnat

* [-stog]

ligg	ligga	ligger	låg	legat
lägg	lägga	lägger	la(de)	lagt
– – –	– – –	måste	måste	– – –
– – –	pågå	pågår	pågick	pågått
se	se	ser	såg	sett
– – –	– – –	ska	skulle	– – –
stå	stå	står	stod*	stått
säg	säga	säger	sa(de)	sagt
sälj	sälja	säljer	sålde	sålt
sätt	sätta	sätter	satte	satt
– – –	veta	vet	visste	vetat
– – –	vilja	vill	ville	velat
välj	välja	väljer	valde	valt
var	vara	är	var	varit

* [stog]

Verbformer

Imperativ

1) order, inget subjekt

Vakna!

Infinitiv

1) efter hjälpverb

Per kan dansa salsa.

Oscar ska resa till Sydamerika.

2) efter infinitiv-att

Han tycker om att dansa.

Det här kommer att gå bra.

Supinum

1) efter 'har'

Maryam har bott i Sverige länge.

2) efter 'hade'

När Gustav kom hem hade Eva ätit.*

* hade + supinum = preteritum perfekt

Tempus

Presens

1) nu

Anna läser tidningen.

2) generellt

Stockholm är Sveriges huvudstad.

Presens futurum

1) kommer att + infinitiv (prognos, naturlig process, subjektet planerar inte)

Det kommer att bli tufft men roligt.

2) ska + infinitiv (subjektet planerar/vill/bestämmer)

Jag ska studera svenska i Umeå.

3) presens (med framtidsadverb)

Vi åker till Paris i morgon.

Presens perfekt (har + supinum)

1) tidpunkten eller tidsperioden är ointressant. (Resultatet är intressant.)

Åsa har läst många böcker.

2) tillsammans med nutidsadverb (Resultatet är intressant.)

Jan har städat hela huset i dag.

3) tiden är inte slut

Mikael har rökt i tio år.

Preteritum

1) specifik tidpunkt eller tidsperiod i DÅ (+ dåtidsadverb)

Axel kom hem i går.

2) berättande tempus i DÅ

Först gick vi på bio, sedan fikade vi.

HJÄLPVERB

får	hinner	måste
borde	ska	brukar
behöver	vill	kan

Får man röka här? (= tillåtelse)
Man **får inte** röka på restauranger. (= förbud)
Du **borde** sluta röka! (= rekommendation)
Klockan **är** mycket. **Hinner** du hjälpa mig? (= ha tid att)
I kväll **ska** jag gå på bio. (= framtid/plan)
Jag **vill** äta nu. Jag är så hungrig. (= vilja)
Jag **måste** ringa mormor. Hon är sjuk. (= krav/tvång)
Man **behöver inte** ge dricks. (= inte tvång)
Lisa **brukar** springa 7 km varje söndag. (= vana)
Anders **kan** dansa tango och salsa. (= förmåga)

Substantiv

Substantivets former

	SINGULAR OBESTÄMD FORM	SINGULAR BESTÄMD FORM	PLURAL OBESTÄMD FORM	PLURAL BESTÄMD FORM
GRUPP 1	en räka	räkan	räkor	räkorna
GRUPP 2	en jordgubbe	jordgubben	jordgubbar	jordgubbarna
GRUPP 3	en melon	melonen	meloner	melonerna
GRUPP 4	ett äpple	äpplet	äpplen	äpplena
GRUPP 5	ett päron	päronet	päron =	päronen
	en lärare	läraren	lärare =	lärarna

SPECIAL

GRUPP 2	en cykel	cykeln	cyklar	cyklarna
	en dotter	dottern	döttrar	döttrarna
	en morgon	morgonen	morgnar	morgnarna
	en nyckel	nyckeln	nycklar	nycklarna
	en semester	semestern	semestrar	semestrarna
	en sommar	sommaren	somrar	somrarna
	en syster	systern	systrar	systrarna
	en teater	teatern	teatrar	teatrarna
	en vinter	vintern	vintrar	vintrarna

GRUPP 3	en bok	boken	böcker	böckerna
	en dator	datorn	datorer	datorerna
	en fot	foten	fötter	fötterna
	en hand	handen	händer	händerna
	ett land	landet	länder	länderna
	ett museum	museet	museer	museerna
	en natt	natten	nätter	nätterna
	en son	sonen	söner	sönerna
	en stad	staden	städer	städerna
	en tand	tanden	tänder	tänderna
GRUPP 4	ett huvud	huvudet	huvuden	huvudena
	ett öga	ögat	ögon	ögonen
	ett öra	örat	öron	öronen
GRUPP 5	ett fönster	fönstret	fönster	fönstren
	ett hem	hemmet*	hem	hemmen*
	en man	mannen*	män	männen*

*'m' (och ibland 'n') dubbeltecknas mellan vokaler

När har man obestämd eller bestämd form?

Obestämd form

1) ny information OBS: Obestämd artikel (en/ett)
   Jag köpte en ordbok i går.

2) verbfraser, generellt/inte specifikt
   Robert spelar fotboll varje dag.
   Linnea åker buss till jobbet.*

*Linnea tar bussen. = specifik buss

3) efter genitiv och possessiva pronomen
   Vad heter Pepes fru?
   Mina föräldrar bor i Paris.

4) efter "kvantitetsord" (fem, olika, någon, ett par, många osv)
   Har du något lexikon?

5) efter "nästa" och "samma"
Vad ska vi göra nästa sommar?
Helena äter lunch på samma restaurang varje dag.

6) presentering OBS: obestämd artikel (en/ett)
Det hänger en gitarr på väggen.

Bestämd form

1) "gammal/presenterad/känd" information
Jag köpte ett telefonkort och en bussbiljett. Telefonkortet kostade 150 kronor.

2) lyssnaren/läsaren vet vad man menar
Solen skiner.
Kan du stänga fönstret?

3) något man kan associera till
Jag tittade på en lägenhet i går. Köket var stort men badrummet var litet.

4) efter demonstrativa pronomen
Titta på det här mejlet.

5) fraser
Jag måste gå på banken.
Du borde gå till doktorn.

Adjektiv

OBESTÄMD FORM	BESTÄMD FORM
Adjektiv = X	
en X	den X + a
ett X + t	det X + a
två X + a	de X + a
en gul bil	den gul**a** bilen
ett gul**t** hus	det gul**a** huset
två gul**a** bilar	de gul**a** bilarna

SPECIAL

1) adjektiv som slutar på -d
en röd tröja
ett rött vin
två röda tröjor

2) adjektiv som slutar på -ad
en intresserad man
ett intresserat barn
två intresserade män

3) adjektiv som slutar på lång vokal
en blå bil
ett blått hus
två blå(a) bilar

4) adjektiv som slutar på konsonant +t
en svart bil
ett sva**rt** linne
två svarta bilar

5) adjektiv som slutar på långt -m eller -n
en dum film
två dumma filmer
ett dumt svar

6) adjektiv som slutar på obetonat -er, -al, -el

en vacker stad	en gammal stad
ett vackert hus	ett gammalt hus
två vackra städer	två gamla städer

7) liten

en liten skola	det lilla huset
ett litet hus	den lilla bilen
två små skolor	de små hundarna

OBS! En del adjektiv har alltid samma form, t ex bra, kul, gratis, rosa.

Obestämd form av adjektiv efter verb

Staden är stor.
Huset är stort.
Hotellen är stora.

Bestämd form av adjektivet

Efter:

1) possessiva pronomen och genitiv
mitt gamla hus
pappas nya fru

2) demonstrativa pronomen
den här roliga boken

3) samma, nästa
samma gamla skjorta
nästa svåra fråga

Adjektiv + substantiv sammanfattning

en	gul	blomma
ett	gul**t**	hus
flera	gul**a**	blommor/hus (pl)
min	gul**a**	blomma
mitt	gul**a**	hus
mina	gul**a**	hus/blommor
Elins	gul**a**	hus/blomma blommor/hus (pl)
den (här)	gul**a**	blomma**n**
det (här)	gul**a**	hus**et**
de (där)	gul**a**	hus**en**/blommor**na**

Komparation av adjektiv och adverb

POSITIV	KOMPARATIV	SUPERLATIV
dyr	dyrare	dyrast

Vin är dyrare än vatten.
Äpplet är lika dyrt som päronet.
Äpplet och päronet är lika dyra.

HALVSPECIAL

dum	dummare	dummast
hög	högre	högst
nära	närmare	närmast
vacker	vackrare	vackrast

SPECIAL

lång	längre	längst	gammal	äldre	äldst
stor	större	störst	gärna	hellre	helst
tung	tyngre	tyngst	lite	mindre	minst
ung	yngre	yngst	liten	mindre	minst
bra	bättre	bäst	mycket	mer	mest
dålig	sämre	sämst	många	fler	flest
få	färre	– – –			

OBS!

intresserad	mer intresserad	mest intresserad
praktisk	mer praktisk	mest praktisk

Pronomen

Personliga

	SUBJEKT	OBJEKT	POSSESSIVA	POSSESSIVA REFLEXIVA
SINGULAR				
1	jag	mig	min, mitt, mina	
2	du	dig	din, ditt, dina	
3	han	honom	hans	sin, sitt, sina
	hon	henne	hennes	sin, sitt, sina
	den, det	den, det	dess	sin, sitt, sina
	man*	en	ens	sin, sitt, sina
PLURAL				
1	vi	oss	vår, vårt, våra	
2	ni	er	er, ert, era	
3	de	dem	deras	sin, sitt, sina

* man är ett indefinit pronomen

Sin, sitt, sina refererar till subjektet (tredje person) i samma sats.

Akinori bor ihop med sin flickvän. Han tycker om sitt jobb.

Sin, sitt, sina kan inte vara del av subjektet.

Hans jobb är mycket intressant.

Akinori säger att hans föräldrar kommer till Sverige snart.

Indefinita pronomen: någon, ingen

någon	ingen
något	inget
några	inga

Har ni någon dusch?
Har du något sommarhus?
Hittar ni några kantareller?

Vi har ingen dusch. = Vi har inte någon dusch.
Jag har inget sommarhus. = Jag har inte något sommarhus.
Vi hittar inga kantareller. = Vi hittar inte några kantareller.

Ingen = inte någon
Inget = inte något
Inga = inte några

OBS!

I mening med två verb och i bisats = inte någon/något/några.

Vi kan inte hitta några kantareller.
Hon säger att hon inte hittar några kantareller.

Någonting (något) ingenting (inget) = självständiga (det kommer inget substantiv efter).

Förstår du någonting/något?
Jag förstår ingenting/inget.

Någon/några och ingen/inga = självständiga om personer.

Känner du någon som talar kinesiska?
Ingen förstår vad läraren säger.

Demonstrativa pronomen

den här/den där datorn
det här/det där brevet
de här/de där symbolerna

OBS!

Jag förstår inte det här. (= självständigt)

Relativt pronomen: som

Jag har en syster som är advokat.

Relativt pronomen: där

Staden där jag bor heter Malmö.

Staden ~~var~~ jag bor heter Malmö.

Adverb: hem/hemma

POSITION

hemma	här
inne	där
ute	borta

Vara/sitta/stanna/äta/bo osv + position

Ska du vara inne nu när solen skiner?
Jag bor här.

DESTINATION

hem	hit
in	dit
ut	bort

Komma/gå/åka/cykla/springa/ringa osv + destination

Kom in!
Ska vi gå hem?

Prepositioner

Rumsprepositioner

Bordet står **på** mattan.

Mattan ligger **under** bordet.

Det finns böcker **i** bokhyllan.

Gardinerna hänger **vid** fönstret.

Teven står **mittemot** soffan.

Fotpallen står **framför** soffan.

Golvlampan står **bakom** soffan.

Tavlan hänger **över** soffan.

Skrivbordet står **mellan** soffan **och** bokhyllan.

Tidsprepositioner

1) i (Hur länge?)
   Jag har studerat svenska (**i**) ett år.

2) om (När? i framtiden)
   Jag ska börja läsa norska **om** ett år.

3) för … sedan (När? i DÅ)
   Jag började läsa svenska **för** ett år **sedan**.

Hur ofta? (Frekvens)

1) om (dagen/natten/dygnet/året)
   Jag tar två tabletter **om** dagen.

2) i (sekunden/timmen/veckan osv)
   Jag springer ett par gånger **i** veckan.

Källförteckning till bilderna

Foton:

9	Fotoakuten
15	Paulina Westerlind/Scanpix
18	Grace/Zefa/Scanpix
24	Henryk T Kaiser/AGE/Scanpix
25	Asia Images/Getty Images
30	Håkan Sandbring/IBL Bildbyrå
40	Sony Ericsson
41	A lot of photos
54	Look/IBL Bildbyrå
62	Emil Österman/Nobelstiftelsen
90	Sylvain Grandadam/Scanpix
92	Lantmäteriet
98	Det Kongelige Bibliotek DK
122	Björn Lindberg/Bildhuset/Scanpix
123:1	Helena Blomqvist/Bildhuset/Scanpix
123:2	Theo Allofs/Zefa/Scanpix
123:3	Björn Lindberg/Bildhuset/Scanpix
123:4	A lot of photos
123:6	Nils Johan Norenlind/AGE/Scanpix
137	A lot of photos
151	Trons/Scanpix
167	Mujo/Korach/IBL Bildbyrå
181	Centrum för näringslivshistoria
183	Jerker Andersson/NordicPhotos
196:1	Staffan Jönsson/IBL Bildbyrå
196:2	Brita Nordholm/IBL Bildbyrå

Symboler: Jens Magnusson

Kartor: Hans Drake

Uttalsbilder: Karl Lindemalm